LE
CASTEL
DU
DIABLE

PAR

PONSON DU TERRAIL

PARIS
É. DENTU, LIBRAIRE-ÉDITEUR
PALAIS-ROYAL, 17 ET 19, GALERIE D'ORLÉANS

LE
CASTEL
DU
DIABLE

OUVRAGES DU MÊME AUTEUR.

Mémoires d'une Veuve.
La Bouquetière de Tivoli.
La Duchesse de Montpensier.
Farandole.
Le Chevalier de Rochemaure.
La Comtesse de Gramont.
Les Bohémiens de Londres.
Coquelicot.
Les Bohêmes de Paris.
Le Trou de Satan.
Amaury le Vengeur.
Les Chevaliers du Clair de Lune.
Le Testament de Grain-de-Sel.
La Belle Antonia.
Les Etudiants de Heidelberg.
La Jeunesse du roi Henri.
Le Serment des Quatre Valets.
Mémoires d'un Homme du Monde.
Les Gandins.
Le Diamant du Commandeur.
Les Drames de Paris.
Le Club des Valets de Cœur.
Les Exploits de Rocambole.
La Revanche de Baccarat.
Les Spadassins de l'Opéra.
La Dame au Gant Noir.
La Belle Provençale.
La Cape et l'Épée.
Les Cavaliers de la Nuit.
Bavolet.
Diane de Lancy.
La Tour des Gerfauts.
Les Tonnes d'Or.

LE

CASTEL

DU

DIABLE

PAR

PONSON DU TERRAIL

PARIS

E. DENTU, LIBRAIRE-ÉDITEUR

PALAIS-ROYAL, 17 ET 19, GALERIE D'ORLÉANS.

1865

LE FERMIER REBER

PAR

ÉLIE BERTHET

Parmi les romanciers les plus estimés de notre époque, M. Elie Berthet a su conquérir une place à part. Ses ouvrages, pleins de naturel, de vérité, de bon sens, paraissent être plutôt des histoires que des romans. Sa manière est celle du grand romancier anglais Walter Scott, tous ses ouvrages sont frappés au coin d'une moralité rigoureuse. Aussi l'appelle-t on le *romancier des familles*, et, en effet, tout le monde peut lire ses ouvrages, sans crainte de se souiller l'imagination, d'altérer son sens moral ou de s'endurcir le cœur.

Ces qualités de M. Elie Berthet sont surtout apparentes dans le beau roman *Le Fermier Reber*, que nous publions aujourd'hui. L'histoire est si simple, si vraie, si touchante, qu'elle semble réelle, et l'on croirait que le romancier a reçu les confidences de quelqu'unes de ces pauvres familles qui abandonnent leur sol natal pour aller chercher au loin une vie plus douce et plus prospère. Aussi ne doutons nous pas que le nouvel ouvrage de l'auteur des *Catacombes de Paris*, des *Chauffeurs*, du *Garde-Chasse* et de tant d'autres romans qui ont mérité la faveur du public, n'obtienne un immense succès.

LES PRINCES DE MAQUENOISE

PAR

H. DE SAINT-GEORGES

Les Princes de Maquenoise ont produit une grande impression à leur apparition.

Cette impression est due non-seulement au mérite de ce livre et au nom de l'auteur, mais à ce qu'on y retrouve les brillantes qualités des meilleures productions de M. de Balzac.

Originalité puissante du sujet, observation merveilleuse du cœur humain et de la vie sociale, de la vie de Paris, surtout; cette tendre et religieuse philosophie de l'âme qui touche parfois aux idées les plus élevées, et explique la popularité si générale, si européenne des romans de Balzac, voilà ce qui existe à un degré très-éminent dans *Les Princes de Maquenoise*.

Quant à la partie théâtrale et saisissante du drame, on peut s'en rapporter à M. de Saint-Georges, l'auteur de tant d'ouvrages dramatiques qui depuis quinze années font la fortune de tous les théâtres de notre capitale et des pays étrangers.

WASSY. — IMP. MOUGIN-DALLEMAGNE.

LE CASTEL DU DIABLE.

I

— Quel dommage, Monsieur le comte, de voyager ainsi depuis quinze jours au milieu d'un si beau pays de chasse, sans avoir pu seulement découpler et faire le bois une fois.

— Mon vieux Bouquin, la guerre a des exigences impérieuses ; quand nous aurons battu les Impériaux assez vertement pour leur dicter un traité de paix, nous demanderons un congé et nous reviendrons à Pouzauges, où le cerf et le sanglier abondent assez dans nos environs pour tenir nos équipages en haleine toute l'année.

— Ceci est fort bien dit et bien pensé, Monsieur le comte, répondit Bouquin d'un ton grondeur ; mais ce n'était vraiment pas la peine de faire faire à vos chiens huit cents lieues, pour les traîner jour et nuit couplés et la queue basse, à la suite d'un fourgon de campagne. Depuis mon arrivée, nous n'avons fait que cela. A chaque instant nous entrons sous le couvert, nous traversons un taillis, nous débouchons dans une plaine de dix lieues où la bête serait en vue tout le temps, partout nous apercevons, ici une défense de ragot, là un bois de dix-cors, plus loin une queue de bouquetin.... les chiens hurlent, ma trompe danse toute seule sur mon épaule, j'ai des fanfares, et des lancers, et des bien-aller, et des hallali dans les oreilles... rien ! nous continuons à marcher à la tête de ces dragons stupides qui haussent les épaules, les ignorants et les profanes ! à la vue de nos meilleurs chiens de Vendée et de nos plus beaux céris de Saintonge !

Et Bouquin, qui, nos lecteurs l'ont deviné, était un vieux piqueur plein de feu et de courage cynégétique, malgré ses soixante hivers révolus depuis la dernière fête du grand saint Hubert, Bouquin, cette tirade débitée sur un ton de mauvaise humeur, rentra dans son majestueux silence et jeta un regard pétri d'un dédain suprême à la compagnie de dragons qui chevauchait derrière son chef, le comte de Main-Hardye, capitaine de dragons et commandant une arrière-garde de cavalerie qui s'en allait rejoindre, à travers les steppes et les forêts immenses de la Bohême, un corps d'armée française sous les ordres du maréchal de Belle-Isle, lequel était campé devant Prague. Le comte était un jeune homme de vingt-huit à trente ans, beau garçon, léger, brave jusqu'à la témérité, aventureux jusqu'à la folie, et doué, au degré suprême, de cette noble passion de la chasse qui déjà bien qu'on ne fût alors qu'en 1750, commençait à s'éteindre chez beaucoup de gentilshommes, admirablement située cependant, mais que la guerre et le plus souvent encore les intrigues de cour, éloignaient presque toute l'année de leurs terres. Le comte chassait régulièrement tous les jours pendant les six mois de congé annuels qu'il demandait au roi, et durant les six autres, il trouvait le moyen encore de courre une ou deux fois par semaine, soit à Saint-Germain et à Compiègne, aux grandes chasses de sa majesté; soit à Chantilly, chez le prince de Condé, ou à Sceaux, chez M. le duc.

Il y avait trois mois qu'un ordre du roi lui

était arrivé au milieu d'un grand laisser-courre de gentilshommes du Bocage, et cet ordre était de rejoindre son régiment, faisant partie d'un corps d'armée qui opérait en Bohême, de concert avec la Prusse, contre l'Autriche et la Russie réunies. En vrai gentilhomme qu'il était, le comte avait mis bas sur-le-champ sa veste de chasse pour endosser son uniforme, remplacé son couteau par son épée, et accroché au-dessus de la cheminée de son salon, son cor et son esturgeon, les condamnant, non sans regrets, à un repos dont il ne pouvait prévoir le terme.

— Bouquin, avait-il dit en mettant le pied à l'étrier, à son vieux piqueur qui, l'oreille basse et l'œil morne, se demandait combien de temps le Bocage allait demeurer silencieux et veuf des magnifiques voix de basse de ses grands chiens blancs et feu brûlé, Bouquin, mon ami, il est possible que je ne revienne pas avant un an, mais il est possible aussi que je sois de retour dans un mois. Tu prendras un soin scrupuleux de mes équipages, tu découpleras dans le bois de Jarry tous les dimanches et dans les taillis de Pouzauges tous les mercredis, tu tirailleras avec mes bassets les lapereaux du parc de Bienvenue, et tu auras bien soin de ne jamais forcer de dix-cors. En outre, je te recommande, sur la santé de tes deux oreilles, que mon couteau de chasse doit respecter à tout prix, de ne permettre à mes voisins que de rares campagnes sur mes terres. Je ne veux pas qu'on dépeuple. Et, ces recommandations faites, le comte était parti pour son régiment.

Il était arrivé la veille d'une bataille et l'avant veille d'un siége, puis la bataille gagnée et la ville assiégée prise d'assaut, il avait été laissé en garnison dans un petit village frontière de la Prusse orientale, village sans importance par lui même, mais dont l'ennemi aurait pu, s'en emparant, tirer un excellent parti. Le maréchal de Belle-Isle lui en avait confié la défense et était reparti pour mettre le siége devant Prague.

Pendant huit jours, le comte de Main-Hardye se tint sur ses gardes, faisant observer à ses soldats une discipline sévère, les consignant, et s'attendant d'un moment à l'autre à être attaqué par un corps d'infanterie impériale qui tenait la campagne à dix lieues de là ; mais sur un ordre supérieur, le corps s'éloigna de dix lieues encore, et alors, une idée poussa tout-à-coup dans le cerveau du comte : — Si je chassais ! pensa-t-il.

Le village et le pays environnant étaient admirablement situés. Bois touffus, jeunes taillis, vallons sonores, plaines caillouteuses et unies, étangs nombreux, mares et ruisseaux où les chiens pouvaient boire... rien ne manquait. Les bêtes abondaient. Les chevreuils et les biches étaient le simple frétin, — car, outre le cerf et le sanglier, il y avait encore du loup, de l'élan et de l'ours à foison. Ce luxe de gibier provenait de deux causes : d'abord la position excellente du pays, ensuite l'absence totale de veneurs dans les environs. Cet avantage avait son inconvénient, par cette raison toute simple que chaque médaille possède son revers : l'absence complète de veneurs impliquait naturellement la disette totale de chiens. Sans meute, comment chasser?

Le comte était en veine d'idées; il en avait trouvé une première, il pouvait fort bien en trouver une seconde; aussi la trouva-t-il : Si je faisais venir mes chiens, se dit-il. La trotte est longue, mais on peut la faire, avec quelques marches forcées, en dix-huit jours. Il peut fort bien arriver que je passe l'hiver ici, et, dans ce cas, le service du roi me sera facile. Si, au contraire, je change de garnison, je jouerai de malheur si je ne tombe pas sur un pays de chasse. En Bohême, on chasse partout.

Là-dessus, M. de Main-Hardye appela son valet de chambre et lui dicta la lettre suivante :

« Mon cher Bouquin, au reçu de ma lettre, tu te procureras une carriole grande comme une rue, tu y feras monter quinze de mes meilleurs chiens de Vendée et vingt-cinq de mes plus grands chiens céris, puis mon valet de chiens Letaillis, et tu l'attelleras de deux bons chevaux limousins. Après quoi tu t'installeras toi-même sur le siége avec mon valet de chambre qui te porte cette lettre, et tu prendras la route d'Allemagne. Quand tes chevaux seront las tu les renouvelleras. Si mon intendant manque d'argent, vends tout de suite une centaine d'hectares de terre. Pourvu que les bois nous restent, c'est tout ce qu'il faut. Apporte-moi ma trompe et mon couteau de chasse. »

Cette lettre écrite et le valet de chambre parti à franc étrier, le comte s'était dit :

— En attendant Bouquin, je me procurerai un chien d'arrêt et je secouerai les lièvres et les compagnies de perdreaux qui m'avoisinent. Il avait commencé dès le lendemain. Malgré tous ses efforts, il n'avait pu trouver de chien d'arrêt; mais il y avait suppléé par un énorme mâtin de troupeaux, ayant un nez et un jarret d'enfer, tenace, intelligent, poursuivant et pointant. Dès le premier jour, le mâtin lui fit tuer un lièvre au gîte. Le soir il donna trois coups de voix dans un fourré ; le comte crut à un second lièvre et vit débucher un daim auquel il campa une balle qui le tua raide.

Le lendemain, le mâtin relança un élan qui eut le même sort. Le comte prit goût à ce genre de chasse et pensa que lorsque sa meute serait arrivée, il deviendrait l'officier le plus heureux de France et d'Allemagne.

La meute arrive enfin, Bouquin, transporté d'aise, avait fait une diligence incroyable et laissé sur sa route la valeur représentative du château de Bienvenue en chevaux crevés. Mais, hélas ! heur et malheur se suivent d'ordinaire. Bouquin était arrivé le soir, et dès le matin suivant le comte avait le pied à l'étrier pour chasser, lorsqu'une estafette du maréchal de Belle-Isle arriva avec un ordre ainsi conçu :

« Au reçu du pli suivant, montez à cheval et accourez à marches forcées. Service du roi. »

— Bouquin, dit tristement le comte, couple les chiens et passe à l'ambulance. Nous chasserons un autre jour. Puis il se tourna vers son lieutenant qui devait chasser avec lui :

— Faites sonner le boute-selle pour la compagnie, et à cheval !

Ce qui fit qu'au lieu de chasser, le comte partit avec ses hommes et marcha quinze jours traînant à sa suite Bouquin et sa meute.

C'était à la fin de la quinzième journée que maître Bouquin se hasarda à entamer avec son maître le dialogue par lequel nous venons de commencer notre récit. Le comte eut un mouvement de mauvaise humeur en écoutant Bouquin, dont l'abrupte éloquence réveillait si bien tous ses appétits de veneur émérite; mais comme, avant d'être veneur, il était gentilhomme et loyal serviteur du roi, il étouffa ses instincts égoïstes et s'efforça de prendre une physionomie insouciante. Aussi ne répondit-il point à Bouquin, se contentant de jeter un heu ! philosophique que la brise emporta, mais que Bouquin surprit au passage et qui lui arracha la réflexion mentale suivante : — Les veneurs s'en vont ! où allons-nous ?

Quatre heures après, le comte et ses hommes arrivaient au camp du maréchal. M. de Belle-Isle attendait le comte avec impatience.

— Enfin ! dit-il en le voyant

Le comte ne commandait qu'une faible troupe. Ses hommes ne pouvaient donc être qu'un secours très-mince en cas d'assaut pour le lendemain, et il fut étonné du soupir de soulagement qui échappa au maréchal lorsqu'il entra dans sa tente.

— Monsieur le comte, lui dit le maréchal après avoir renvoyé ses aides-de-camp et s'être assuré qu'ils étaient parfaitement seuls ; je vous sais aussi brave que Bayard et le plus aventureux gentilhomme de France.

— Votre seigneurie est trop bonne.

— J'ai à vous proposer une mission presque impossible, vous y jouez votre vie, et je la regarde, moi, comme à peu près perdue.

— Diable ! fit le comte en souriant.

— Il s'agit de passer sur le corps, vous tout seul, de trente mille Russes, de deux cent mille Autrichiens, et de porter des lettres du roi de France au sultan.

— Donnez-moi les lettres, dit simplement le comte.

— Je vous préviens que vous courez mille dangers dont le moindre est d'avoir la tête coupée.

— Monseigneur, fit M. de Main-Hardye avec un sang-froid superbe, si vous ajoutez un mot, tout éreinté que je suis et affamé comme Ugolin, il faudra, pour mon honneur, que je me dispense de secouer la poussière de mes bottes et que je remonte à cheval sans avaler une seule bouchée.

Le maréchal sourit, d'un sourire qui valait un éloge de roi.

— Ces lettres sont-elles fort importantes? demanda le comte.

— Tellement, répondit le maréchal que si vous n'arrivez pas, nous y perdrons une ou deux provinces.

— Alors il faut que j'arrive à tout prix... j'arriverai!

— En êtes-vous sûr?

— Je le crois. Vous allez me signer un congé d'un mois.

— Pourquoi faire?

— Attendez. Ensuite, mettre à ma disposition trois prisonniers autrichiens qui porteront trois lettres : l'une à Goritz, l'autre aux environs de Vienne, la troisième à Pesth, en Hongrie. La première est pour le baron de Hollingen, colonel de la garnison de Goritz; la seconde pour le comte de Hochœnbrun, courtisan en grande faveur à la cour de Vienne; la troisième pour le ban Rodstock, comte hongrois.

Je les ai connus tous trois à Paris, et j'en ai emmené deux en Vendée, chez-moi, où ils ont chassé tout un automne. Ce sont trois veneurs émérites, passionnés, et qui iraient prendre un lièvre sur un clocher, si la chose était nécessaire.

— Où voulez-vous en venir? demanda le maréchal.

— A ceci; vous me donnez un congé, j'en profite pour aller chasser chez ces Messieurs. Arrivé à Pesth, je n'ai plus que cinquante lieues à faire pour toucher aux possessions ottomanes. Je les ferai, soyez tranquille. Sur ma route, personne ne m'arrêtera. Je me rends, en chassant, chez un officier supérieur de l'armée impériale, je suis seul avec mon piqueur et mon valet de chiens...je n'inspire aucune défiance...

— Ainsi, fit le maréchal stupéfait, vous irez à Constantinople..

— En chasseur, M. le maréchal.

— C'est prodigieux! fit M. de Belle-Isle; reste à vous procurer, sur-le-champ, chiens et piqueurs.

— J'ai tout cela, M. le maréchal.

— Et d'où l'avez-vous tiré?

— De mon château de Vendée. J'ai fait venir mon piqueur et ma meute.

Le maréchal demeura stupéfait. M. de Main-Hardye se contenta de sourire avec l'orgueilleuse modestie de l'homme supérieur qui trouve l'admiration qu'il excite toute naturelle, puis il demanda quelle était l'heure du départ.

— Demain matin, répondit le maréchal.

Le comte retourna, son congé à la main, auprès de Bouquin, et lui dit :

— Nous chassons demain, prends la route de Goritz sur-le-champ, et va me détourner un cerf à dix lieues d'ici. Un Autrichien, que l'on délivre tout exprès pour la circonstance, te servira de guide.

Bouquin faillit mourir de joie. Le comte écrivit alors la circulaire suivante à ses trois anciens amis, ne changeant à chaque exemplaire, que le titre du destinataire et l'adresse :

« Mon cher...... Le roi de France, daignant prendre en considération que je me suis privé de chasser depuis trois mois, uniquement pour son service, daigne m'accorder un mois de congé. Je ne suis donc plus capitaine de dragons, mais un simple disciple de Saint-Hubert, qui vous demande, à cor et à cris, un sauf-conduit pour arriver jusqu'à vous, et courre en paix vos sangliers et vos élans jusqu'à ce que son congé expire. A vous, comte de Main-Hardye. »

« *P.-S.* Je me mets en route sur-le-champ, j'espère rencontrer votre sauf-conduit à mi-chemin. »

II

Le lendemain, dès le point du jour, le comte était à cheval. Les chiens de Bouquin étaient partis durant la nuit, ainsi que les messagers. Le comte, qui avait fait coudre, entre sa veste de chasse et la doublure, les lettres du roi, partit à son tour, escorté seulement par son valet de chambre. Les troupes françaises tenaient la campagne sur la route de Goritz, dans un rayon de vingt lieues environ. M. de Main-Hardye n'avait donc point à se préoccuper les deux premières journées. Il arriva au rendez-vous de chasse à dix heures, trouva Bouquin qui lui donna à choisir entre un cerf et un élan, opta pour l'élan et fit découpler. Les chiens, oisifs depuis long-temps, donnèrent avec une ardeur sans pareille. A 5 heures du soir, l'élan était forcé sans qu'il y eût à relever un seul défaut. Le comte fit la curée, avisa un village voisin et dit à Bouquin :

— Pour aujourd'hui, nous coucherons ici, tu partiras à deux heures et demie du matin, et tu iras faire le bois à cinq lieues plus loin. Bouquin s'inclina sans répondre. Le comte, son piqueur, son valet de chambre et son valet de chiens soupèrent à la même table dans une misérable auberge, puis couchèrent dans un grenier à foin.

Le lendemain, M. de Main-Hardye força un sanglier et fit cinq lieues de plus.

— Où ferai-je le bois demain ? demanda Bouquin.

— A dix lieues plus loin.

— Hum ! fit le piqueur avec admiration, irons-nous bien loin et bien longtemps comme ça ?

— D'abord, nous irons à Goritz.

— Et ensuite ?

— Ensuite à Vienne.

— Et après ?

— Après, à Pesth.

— Et puis nous continuerons jusqu'à Constinople.

Bouquin, qui se levait de table, s'appuya à son siége pour ne point tomber à la renverse :

— Monsieur le comte est fou ! murmura-t-il avec commisér tion.

— Non pas, répondit le comte. Mais j'ai toujours eu envie de savoir par moi-même si les Turcs étaient des veneurs passables.

Bouquin haussa les épaules :

— Puisque Monsieur le comte est en route, dit-il avec une sorte d'humeur railleuse, pourquoi n'irions-nous pas jusqu'en Chine ?

— Il se pourrait que je m'y décidasse, répondit flegmatiquement le comte, je réfléchirai à ta proposition, Bouquin.

— Monsieur le comte, poursuivit Bouquin avec une humilité goguenarde, trouvera, sans doute, des relais de chiens sur sa route.

— N'avons-nous pas les nôtres ?

— S'ils chassent ainsi longtemps, il faudra les mettre en voiture sous peu.

— Nous nous reposerons un jour sur quatre.

— Ils ne tiendront pas à pareil jeu...

— Si cela arrive, dit froidement le comte, on dira que Main-Hardye a de pauvres chiens et un pauvre piqueur.

Bouquin se mordit les lèvres de colère :

— Ils arriveront, dit-il, dussé-je les porter.

Le troisième jour, M. de Main-Hardye avait couru un cerf et fait trente lieues. Le quatrième, il fit halte et la meute se reposa. Mais comme il voulait mettre à profit son congé, il prit son fusil et alla coucher trois lieues plus loin que ses gens en tirant des perdrix et des bécassines en chemin. Cela arriva d'autant plus à point, que son gîte fut une hutte de bûcherons où il n'eût trouvé, sans son gibier, que de la choucroûte rancie. Le cinquième jour, tandis qu'il était sur la voie d'un élan, il tomba dans un avant-poste autrichien. On voulut l'arrêter d'abord; il montra son congé, nomma le baron de Hollingen, chez lequel il se rendait, et fut relâché par l'officier qui commandait le détachement d'avant garde. Ce soir-là, M. de Main-Hardye jugea prudent de gagner une petite ville pour chercher gîte, se défiant des bûcherons et des paysans qui jusque-là avait été ses hôtes.

Le comte se trouvait enfin sur les limites de la Bohême montagneuse; jusqu'alors il n'avait traversé que plaines, forêts et coteaux imperceptibles : maintenant, il était face à face avec une chaîne de hautes et sombres montagnes, boisées de la base au faîte, percées de vallées étroites, profondes, de cavernes nombreuses où les ours et les voleurs logeaient pêle-mêle.

Un gentilhomme moins brave que M. de Main-Hardye, au tableau qui lui fut fait du pays qu'il allait parcourir, dans la dernière ville où il gîta, se fût, sinon effrayé, du moins mis à réfléchir sur les moyens convenables d'éviter toute mauvaise rencontre. Il y avait alors, par monts et par vaux, assez de ces soldats irréguliers et vagabonds, connus sous la dénomination de Znapans, et dont nous peindrons facilement l'honnête moralité si nous ajoutons que le mot français chenapan dérive directement de leur nom ; il y avait, disons-nous, assez de Znapans en campagne pour qu'il fut aisé, avec un millier de florins, d'en acquérir deux cents pour escorte. Mais M. de Main-Hardye ne s'effrayait jamais, et il se contenta de dire à Bouquin :

— Puisque nous entrons sur les terres des ours, je ne veux plus chasser que des ours. Seulement, comme je ne veux pas qu'il te puisse arriver malheur, je ferai le bois avec toi.

A trois heures du matin, le comte se remit en route et entra dans une vallée dominée de toutes parts par de hautes montagnes. Cette vallée, connue dans le pays sous le nom de Vallée-Rouge, avait sa petite légende fantastique, comme tous les coins de la bonne et naïve Germanie. Sa légende, comme toutes les autres, avait le diable pour éternel pivot, et datait du moyen âge. La voici en deux lignes : Satan, qui a toujours aimé ses aises, convoitait, depuis fort longtemps, les domaines et le château d'un châtelain qui, aux croisades, pris du désir de revoir son castel, avait vendu son âme à l'enfer pour satisfaire ce désir. Satan l'avait transporté chez lui en moins d'une nuit, et s'était engagé à le laisser vivre longtemps encore. Mais le châtelain sembla abuser singulièrement de la latitude, car il dépassa cent vingt ans. Tous les ans le diable apparaissait et lui disait :

— Comment te portes-tu ?

— Hum ! hum ! répondait le rusé seigneur en toussant, crachant comme un moribond, vous n'aurez plus à attendre longtemps, majesté, je me traîne...

Le diable s'en allait, revenait au bout d'un an, et trouvait son châtelain en aussi bonne santé que douze mois auparavant.

Satan fut patient jusqu'à quatre-vingt-dix ans, on vivait si vieux en ce temps-là ; à cent ans, il s'impatienta ; à cent dix, il entra en fureur, et quand la cent vingtième sonna, il n'y tint plus ! Il se présenta le soir chez le châtelain. Le châtelain était dans son lit, un flambeau sur son guéridon et une Bible à la main. Satan frémit :

— Que lis-tu là ? demanda-t-il.

— La Bible, sire. J'ai eu une visite ce matin.

— Ah ! et laquelle ?

— Celle de saint Pierre, qui m'a dit : Si tu peux vivre un an encore et apprendre par cœur cent vingt et une pages de la Bible, tu te présenteras à la porte du paradis, aussitôt mort, tu m'appelleras à voix basse et me réciteras tes cent vingt et une pages. Si tu ne fais pas une seule faute, je te tirerai le cordon à la sourdine, et le diable sera volé !

— Ah ! fit Satan pâle de colère.

— Vous le voyez, sire, dit le châtelain humblement, j'étudie, je sais déjà assez bien les soixante premières. Voulez-vous me faire répéter ?

Et il tendit la Bible à Satan. Mais Satan le repoussa, et furieux, prit le flambeau et l'approcha des draperies du lit. Le lit s'enflamma, le diable s'enfuit, et le châtelain, qui était trop cassé pour être leste, brûla lui et sa Bible. Son âme s'enfuit toute effarée vers l'enfer, mais une voix l'appela en route. L'âme se retourna et vit le grand apôtre, le concierge éternel du paradis :

— Viens, lui dit-il, récite-moi les soixante pages que tu sais. Je te fais grâce du reste.

Le châtelain fit deux ou trois fautes légères; mais l'indulgent apôtre toussa à propos et feignit de ne les point remarquer. Le châtelain entra dans le paradis.

— Je m'en moque pas mal, dit Satan; ce que je voulais, c'était le château. Je l'ai éteint à propos, il m'appartient et j'y veux résider quelques fois.

Depuis, les bûcherons prétendirent qu'à minuit, le samedi, on voyait au travers des clairières, flambloyer les murs lézardés du castel, qui prit le nom de Château rouge, des ombres lascives passaient et repassaient enlacées derrière les vitraux, on entendait des éclats de rire stridents et les notes éparses d'un orchestre infernal. Le château était hanté. Nul ne s'en approcha désormais, le bûcheron se signa à sa vue, le pâtre frémit en apercevant, au-dessus des sapins, les flèches pointues de ses tours; la vallée fut maudite et abandonnée aux ours...

Ce fut précisément dans cette vallée, qu'après huit heures de marche, le comte de Main-Hardye fut assailli par un violent orage et séparé de la chasse, c'est-à-dire de ses trois serviteurs et de ses chiens, au sortir d'un épais fourré. Le bruit de la foudre avait éteint le son du cor et la voix rauque des chiens. Le comte se mit sous un arbre, s'y abrita de son mieux, lui et son cheval, et attendit que l'orage fut passé, sonnant du cor de quart d'heure en quart d'heure pour rallier la chasse. Aucune trompe ne répondit à la sienne, et l'orage dura jusqu'au soir. Le comte, impatienté, se remit en route avec la dernière ondée et s'enfonça de plus en plus dans la Vallée Rouge, dont l'aspect sauvage devenait sinistre la nuit. M. de Main-Hardye avait faim, il était mouillé jusqu'aux os. Il chemina plusieurs heures au milieu des ténèbres, des bois, espérant toujours rencontrer une hutte de bûcheron et ne l'apercevant jamais.

— Morbleu ! jura-t-il exaspéré, puisque je suis dans la vallée du diable, le diable pourrait bien être courtois, et m'offrir l'hospitalité !

Il achevait à peine, qu'en tournant un coude de la vallée, il aperçut dans le lointain une masse imposante et sombre tigrée de points lumineux... et il reconnut le Castel du Diable, illuminé des combles aux cuisines.

C'était précisément le samedi et minuit approchait.

— Oh ! oh! dit le comte, il y a sabbat aujourd'hui et je trouvrai nombreuse compagnie.

Et, sans plus manifester d'étonnement, il poussa son cheval qui reprit courage et le déposa, vingt minutes après à la grille du castel. Le compte sonna une fanfare : le pont-levis s'abaissa. Il entra dans la cour et ne vit personne. Il marcha vers le perron, le gravit, arriva dans le vestibule : vestibule et perron étaient déserts ! il monta le grand escalier en marbre rouge, entra dans une vaste salle tendue de rouge, puis dans une autre, et encore une autre... Tout était rouge, tout était illuminé, comme pour une fête, et nul ne paraissait.

Le comte trouva dans la dernière salle où il pénétra, une table servie avec deux couverts :

— Ma foi! dit-il, je meurs de faim, et le maître de la maison ne m'en voudra pas de ne point l'attendre. Je vais attaquer ce pâté de venaison et ce jambon d'ours.

Et le comte se mit bravement à table. Le comte avait faim, disons-nous; de plus, il était un de ces rares esprits forts qui ne se donnent point la peine d'approfondir un mystère quand il y a mieux à faire d'abord. Il avait faim... le pâté de venaison disparut presque tout entier. Puis, au pâté succédèrent sans interruption un salmis de bécasses, une bisque de perdreaux, quelques menues salaisons, un demi-pot de confitures d'Orient et des pâtisseries hongroises. Le tout fut arrosé par du joannisberg d'une assez belle date, un cru de muscat rouge dont le comte ne put déterminer l'origine, et quelques gouttes de vin d'Aï, attention minutieuse et délicate de l'hôte inconnu qui servait des vins de son pays à un exilé.

— Pardieu ! s'écria le comte en riant, ceci ressemble fort à l'histoire de feu M. Perrault, « *la Belle et la Bête,* » le logis et la table sont splendides, l'hôte demeure invisible, et il ne se montrera, je gage, qu'au fond des jardins, sous la forme d'un monstre femelle que je n'aurai qu'à épouser pour le convertir en une séduisante princesse cousue de soie et doublée de cachemire !

Nous n'oserions affirmer que cette phrase du comte ne ressemblât point à un défi, et qu'il n'ait pas eu l'intention de provoquer l'apparition de son hôte, mais ses peines en tous cas, se trouvèrent perdues, car l'hôte ne se montra point.

Quand il eût achevé son souper, le comte se renversa philosophiquement dans son fauteuil et se dit à mi-voix :

— Il ne manque plus qu'une larme de café.

— Si Monsieur le comte veut passer au salon, il y trouvera du café et des pipes d'Orient ! répondit une voix.

Le comte leva vivement la tête, regarda autour de lui, chercha des yeux le propriétaire de la voix qu'il venait d'entendre, et ne vit personne. Seulement, dans le fond de la salle à manger, une porte venait de s'ouvrir à deux battants, et laissait voir un salon splendidement décoré, avec un feu clair et pétillant, auprès duquel on avait entassé une pile de coussins et dressé un guéridon sur lequel se trouvait le moka brûlant et une chibouque à tuyau d'ambre, toute chargée de latakié. Le comte s'accroupit, sans trop de roideur, sur les coussins, alluma la chibouque et se prit à philosopher sur les bizarreries de la vie en général et de l'existence de ce château en particulier. Ce château-là, surtout, qu'il trouvait si confortable en tous points et cependant désert au moins en apparence, lui semblait curieux à examiner.

Quand il eut dégusté le café et jeté aux cendres du foyer la cendre éteinte de sa chibouque, le comte se leva, prit un flambeau et se dit :

— Puisqu'il ne se trouve personne ici qui me puisse montrer le château en détail et me servir de cicerone, je vais me le montrer moi-même et m'orienter de mon mieux.

Et, là-dessus, il se leva et commença son inspection par le salon où il se trouvait. C'était une vaste pièce, tendue en damas vert foncé, avec des baguettes d'or aux plafonds, des arabesques et des moulures d'un bon style. Un ameublement Louis XV, soie et or, étalait alentour des murs ses dormeuses et ses fauteuils à dossiers ronds. Quelques tableaux de prix, quelques bronzes des maîtres, une mignature et un pastel étaient placés çà et là : deux tritons de cuivre doré supportaient les tisons du foyer ; sur un guéridon dressé au milieu, étaient étalés pêle-mêle des livres, des albums et des gazettes, les contes moraux de M. de Marmontel, et le dernier numéro du *Mercure de France*.

— Il paraît, pensa le comte, que mon hôte est ami des arts et des lettres.

Le salon examiné dans tous ses détails, le comte poussa une porte et se trouva dans un charmant boudoir bleu et blanc, encombré de laques et de potiches, de fleurs rares et d'arbustes poussés à grands frais, de délicieuses bagatelles traînant çà et là sur les dressoirs et les consoles ; en un mot, de ces mille riens ruineux dont une femme aime à s'entourer.

— Je suis assurément chez une fée, se dit le comte.

Et il passa dans une autre pièce. Celle-là différait complètement de la précédente. C'était un cabinet d'histoire naturelle, un arsenal, un musée cynégétique, tout ce qu'on voudra. Deux loups, merveilleusement empaillés et préparés, étaient assis sur leur arrière-train aux deux côtés de la porte, et semblaient fixer avec leurs yeux d'émail le visiteur nocturne qui pénétrait chez eux. Un élan, un cerf, plusieurs biches, un ours noir et une variété infinie de coqs de bruyère, de faisans, de perdrix, encombraient cette salle.

Les murs étaient tendus de fourrures : à ces fourrures s'adaptaient merveilleusement de curieuses panoplies rangées par dates historiques. Ici, c'était l'arc et le carquois des anciens ; au-dessous, l'épieu moyen-âge ; un peu plus bas, l'arquebuse à mèche, le fusil à rouet, le mousquet à silex, le fusil à deux coups dans l'origine. Plus loin, les armes orientales, les damas merveilleux, les pistolets incrustés de nacre, les couteaux de chasse à fourreau ciselé. Plus loin encore, une collection complète de cors, de clairons, de trompes de chasse, de cornes suisses ; tout cela supporté par des bois de cerf, d'élan et de cornes de buffle. Sur une table étaient empilés plusieurs ouvrages de vénerie, presque tous excessivement rares et fort curieux.

— Bon, pensa le comte, il paraît que la fée a un mari veneur ; s'il se veut bien montrer nous chasserons ensemble.

— Demain, répondit une voix.

Le comte tressaillit, promena un regard autour de lui et ne vit rien. Il retourna rapide dans le boudoir, il passa dans une autre salle qui était une bibliothèque et n'aperçut aucun être vivant.

— Attendons demain, se dit-il.

Le comte avait le suprême bonheur de ne pas faire de livres, ce qui eût pu faire supposer qu'à la rigueur il les aimait quelque peu. Il n'en était rien, cependant ; car il ne daigna pas jeter un seul coup d'œil aux rayons poudreux sur lesquels une main de bibliophile avait patiemment classé deux ou trois mille volumes grecs, latins, hébreux, syriaques et français. Il passa outre et se trouva dans une vaste galerie de marbre noir et blanc, dont la voûte était supportée par des colonnettes de marbre jaune. Des fenêtres à vitraux gothiques étaient destinées sans doute à l'éclairer pendant le jour : mais, à cette heure, elle se trouvait illuminée par des torches de résine tenues par des mains de bronze qui sortaient des murs. Ces murs étaient couverts de portraits de famille.

— De quelle famille? se demanda le comte. Elle devait être illustre et bien apparentée, dans tous les cas; car ce n'étaient que seigneurs en galant costume, dames en robes de cour, prélats mitrés, cardinaux en simarre rouge, chevaliers en habits de Malte, et commandeurs de tous les ordres du monde chrétien.

— A la bonne heure! murmura le comte, je suis chez des gens de bonne compagnie, reste à savoir si les écuries et le chenil sont aussi convenables que tout ce que je viens de voir. Descendons.

Le comte s'orienta sans trop de peine, retrouva le grand escalier au bout de la galerie, gagna le rez-de-chaussée, la cour et les communs, et finit par trouver les écuries. Les écuries étaient tenues avec un luxe fabuleux : quarante chevaux mangeaient côte à côte à un ratelier de bois d'aloès dans une crèche de sandal; la plus fine paille de riz était étendue en litière sur le sol dallé en marbre, les longes étaient, non en cuir vulgaire, mais en superbe chagrin d'Abyssinie. La beauté des nobles animaux émerveilla le comte; toutes les races de coureurs célèbres y étaient dignement représentées, depuis l'étalon arabe et andalous jusqu'à la pouliche tartare. La même voix qui déjà avait vibré aux oreilles du comte à deux reprises différentes, se fit entendre de nouveau et cria :

— Monsieur le comte peut choisir celui qu'il montera demain.

— Très-bien, dit le comte.

Et, après avoir hésité quelques minutes, il se décida pour un étalon arabe noir d'ébène, avec la crinière et la queue gris du fer.

Des écuries, le baron passa aux chenils. Il y avait environ trois cents chiens, c'est-à-dire un équipage pour chaque bête de chasse, depuis l'ours, auquel étaient réservés d'énorme mâtins de Norwége, jusqu'au lièvre, pour lequel le châtelain inconnu avait fait venir une meute suisse de petits chiens orangers et blancs, rapides comme l'éclair, avec une superbe voix de basse-taille qui devait résonner à ravir dans les bruyères et les bas taillis.

— Quelle bête monsieur le comte désire-t-il courir demain ? demanda la voix.

— Un élan, répondit le comte.

— C'est bien ; on va faire le bois sur-le-champ.

En ce moment, une horloge invisible et dont

le veneur ne put préciser la situation topographique, sonna minuit.

— Tiens, murmura le comte, si j'allais me coucher?

— L'appartement de monsieur le comte est prêt, fit la voix.

Le comte quitta le chenil, remonta les degrés du grand escalier, et ne sachant trop où était sa chambre à coucher, prit le parti de passer par le salon où il avait soupé. La nappe, les mets, tout ce qui restait de son repas avait disparu. Le thé était servi sur la table, accompagné de confitures d'Orient, de sorbets et de liqueurs. Un narguileh était auprès, bourré d'un tabac levantin jaune comme de l'or.

— Décidément, se dit le comte avec un rire un peu gaillard, la fée du logis est une femme charmante.

— Vous trouvez! dit une voix douce et harmonieuse, une voix de femme qui ne ressemblait en rien à celle que le comte avait entendue déjà.

Le comte chercha de nouveau autour de lui, le salon était désert.

— Cordieu! s'écria-t-il, je la trouve adorable; mais je voudrais bien la voir.

— Voulez-vous lui permettre de prendre le thé avec vous?

— Ah! madame, s'écria le comte, lui permettre, mais c'est à elle d'ordonner ?

— Eh bien ! tournez-vous.

Le comte se tourna, espérant voir enfin sa mystérieuse hôtesse derrière lui. Il n'en était rien, et il chercha vainement; mais en reprenant sa position première, il se trouva face à face avec un être si singulièrement beau, qu'il en jeta un cri d'admiration. C'était une femme de vingt-deux à vingt-trois ans, d'une blancheur éblouissante de mains et de visage, avec des cheveux noirs de jais et cet œil profond et velouté, cet œil de gazelle des femmes du Levant. Elle portait un costume oriental d'une merveilleuse richesse, un pantalon de soie blanc serré au-dessus de la cheville par un anneau d'or, une basquine de velours noir broché et soutaché enfermait sa taille élancée et souple comme celle d'une panthère. Les nattes de ses longs cheveux bouclés s'échappaient à profusion d'une petite toque rouge, et des bracelets de rubis et d'émeraudes étincelaient à ses bras arrondis et blancs comme ceux d'une statue. Elle regardait le comte avec un charmant sourire, arquant à demi sa lèvre rouge et voluptueuse, et le comte la regardait, lui, avec un étonnement naïf qui tenait presque de la stupeur. Et comme il semblait avoir la langue collée au palais et ne pouvoir prononcer un mot, elle prit la parole la première, et lui dit :

— Avez-vous été content de votre souper, comte ?

Cette phrase, simple et presque vulgaire, fit tressaillir le comte et lui rendit un peu son sang-froid.

— Oui, madame, balbutia-t-il.

Elle s'aperçut de son embarras et continua :

— Vous pouvez vous regarder ici comme chez vous, monsieur, et je suis trop heureuse de vous recevoir.

Elle s'exprimait en français avec un léger accent traînant qui seyait à ravir à sa voix veloutée et fraîche. Le comte parvint enfin à maîtriser son émotion ; il reprit même cette assurance spirituelle des gentilshommes galants de son époque, et répondit :

— Nous avions en France, il y a près d'un siècle, un homme de beaucoup d'esprit qu'on nommait M. Perrault...

— Je le connais, dit la jeune femme ; j'ai lu les contes des fées.

— Très-bien, fit le comte ; j'allais vous demander s'il n'avait point oublié votre histoire dans son livre.

La jeune femme se prit à rire.

— Vous croyez donc aux fées ? s'écria-t-elle.

— Depuis une heure, madame.

— N'y croyez plus ; je suis une simple mortelle.

— Enchantée, peut-être ?

— Pas le moins du monde.

— Alors, fit le comte en se levant et mettant son claque sous son bras, comme il eut fait dans un salon de Versailles ; qui que vous soyez, madame, permettez-moi de vous offrir mes remerciements pour la charmante hospitalité que je reçois chez vous à l'improviste.

— Je les accepte, monsieur le comte ; car j'espère que cette hospitalité pourra vous séduire quelques heures encore.

Le comte s'inclina.

— Si j'étais maître de ma destinée, madame, dit-il galamment, je me prendrais à souhaiter que cette hospitalité fut sans fin.

— Oui, murmura la jeune femme avec un railleur sourire, ceci est fort joli et sincère ; mais vous avez une haute mission diplomatique à remplir, et on vous attend à Constantinople.

Le comte tressaillit.

— D'où savez-vous cela? fit-il.

— Vous avez bien voulu me comparer à une fée; supposez que je la sois réellement et ne me demandez pas mon secret.

— Mais encore, madame...

— Monsieur le comte, ne voulez-vous pas prendre le thé?

Le comte se mordit les lèvres.

— Vous offrirai-je de la crême, madame? fit-il d'un ton piqué.

— Sans doute, répondit sa belle hôtesse en pressant de ses lèvres rouges l'ambre de son narguileh.

Il y eut un moment de silence pendant lequel le comte se prit à admirer les bras et les mains, le front pur et les noirs cheveux de la jeune femme; enfin il continua :

— Je voudrais bien, madame, ne pas être indiscret, cependant...

— Cependant... fit-elle d'un ton encourageant.

— Le serais-je en vous demandant chez qui j'ai l'honneur de me trouver?

— Hum! murmura-t-elle avec une adorable petite moue; vous êtes curieux, comte.

— Je suis étonné, madame.

— Vraiment?

— Je me trompe, je suis émerveillé.

— Et quoi donc ici vous étonne, monsieur ?

— Votre beauté d'abord, madame.

— Passons.

— Ensuite le luxe de votre château, desservi sans doute par une population de grands et de petits génies.

— Chez une fée, c'est tout simple.

— Ne venez-vous pas de me dire que vous étiez mortelle ?

— C'est juste. Eh bien ! je suis une princesse indienne.

— Je m'en doutais.

— Et mes serviteurs possèdent l'anneau de Gygès qui, vous le savez, rend invisible quand on en tourne le chaton d'une certaine manière.

— C'est fort ingénieux. Pourrais-je vous demander où ils l'ont trouvé ?

— Dans les ruines de Ninive, comte.

Le comte s'inclina.

— Je le vois, dit-il, vous vous enveloppez d'un mystère impénétrable.

— Impénétrable, oui et non : oui, si vous voulez le savoir à tout prix ; non, si vous avez la patience et savez attendre...

— C'est difficile.

— Monsieur le comte, dit gravement la jeune

femme, vous avez l'impétuosité de votre âge et de votre pays, et vous oubliez que nous autres Orientaux nous avons élevé la patience au-dessus des autres vertus. Que me demandez-vous? De quoi vous plaignez-vous? Vous étiez égaré comme les héros des contes de M. Pérault, la pluie tombait, vous aviez faim, vous demandiez au hasard un gîte et un souper, le hasard vous donne l'un et l'autre... Qu'exigez-vous encore?

Le comte baissa la tête et parut honteux.

— Vous avez raison, madame, dit-il avec mélancolie; je suis un indiscret et un niais indiscret, car je n'ai nul droit de vouloir pénétrer votre incognito; niais, car je ressemble à cet homme des contes arabes à qui un génie donna deux sacs de rubis, et qui, non satisfait, voulut en emporter une poignée encore. La voûte de la caverne dans laquelle il venait de s'enrichir, s'écroula et l'engloutit. Vous êtes belle comme femme ne le fut jamais, vous mettez votre demeure à ma disposition, vous avez pour moi un adorable sourire. vous me faites un charmant accueil, et je ne suis pas content; et je veux plus encore...

L'expression de gravité triste qui s'était répandue sur le visage de la jeune femme disparut, le sourire y revint et lui tendant la main :

— Vous avez, lui dit-elle, une franchise si naïve et si bonne en vous excusant, qu'il faut bien vous pardonner un peu. Soyez patient, vous saurez tout, et peut-être...

— Peut-être ?

— Peut-être, fit-elle avec une certaine hésitation, êtes-vous destiné par le hasard à me sauver d'un danger.

— Oh ! s'écria le comte avec vivacité, parlez, madame, parlez, je vous en conjure !

— Enfant, murmura-t-elle en souriant, toujours pressé...

— Oh ! dites-moi...

— Ne vous ai-je pas dit d'attendre ?

— C'est vrai, j'attendrai.

Deux heures sonnèrent à la pendule de rocaille du salon.

— Vous savez que nous chassons demain, comte ? dit aussitôt la jeune femme.

— Avec qui, madame ?

— Toujours indiscret. Avec moi, monsieur.

— Rien qu'avec vous ?

— Encore !

Elle haussa imperceptiblement les épaules avec un petit geste d'impatience. Le comte s'en aperçut, lui prit la main et la baisa :

— Je suis un vilain incorrigible, dit-il ; mais

que voulez-vous, j'ai si peur de voir l'ombre d'un être humain autre que moi autour de vous...

— Toujours galant! fit-elle en riant.

Il se tut et se prit à l'admirer.

— Nous chasserons seuls, reprit-elle.

— Oh! merci.

— Mais comme nous partirons à huit heures et qu'il faut que vous puissiez vous lever, je vous engage à vous reposer au plus vite. Prenez ce sorbet et suivez moi.

Le comte avala le sorbet d'un trait et mit sa main dans la belle main de son hôtesse.

— Venez, lui dit-elle.

Elle lui fit traverser les cinq ou six pièces qu'il avait déjà parcourues, arriva dans le boudoir bleu et blanc qu'il avait si fort admiré, poussa une porte masquée dans un pli de la tapisserie et le fit pénétrer dans la chambre à coucher la plus coquette et la plus gaie d'ameublement qu'eût jamais possédé petit-maître de la Régence.

— Vous êtes chez vous, lui dit-elle.

Le comte la regarda avec admiration.

— Je crois aux fées, dit-il.

— Je vous le permets.

— Serez-vous bien loin de moi? La grotte que vous habitez...

— La grotte que j'habite, mon beau gentilhomme, est à deux pas d'ici, ou plutôt une simple cloison nous en sépare.

Le comte tressaillit.

— Si vous avez besoin de quelque chose ajouta-t-elle, appelez-moi, un de mes serviteurs invisibles vous viendra en aide. Bonsoir...

Le comte demeurait immobile au milieu de la chambre la considérant avec l'enthousiasme naïf d'un amour naissant.

— Bonsoir ! répéta-t-elle.

Et avant qu'il eut eu le temps de répondre, de s'incliner, de dire un mot, elle disparut comme une vraie fée et la porte se referma.

Le comte, une fois encore, se trouvait seul. Un flot de pensées l'assaillit, et dans ce flot une surtout domina et s'empara de son esprit :

— Je suis là, à côté, m'a-t-elle dit.

Le comte était un élève de Richelieu et de Lauzun, si le mot *impossible* n'était pas français pour lui, c'était surtout en amour. Il était de cette école de grands seigneurs un peu débraillés qui ont coutume de mener une intrigue au galop, et il songea sans doute à combiner sur-le-champ un plan d'attaque. Malheureusement une lourdeur subite qu'il attribua à un trop grand abus des crus généreux de sa belle hôtesse combinés avec les fatigues de la journée s'empara de lui presque aussitôt. Il est assez difficile de raconter les rêves que l'on vient de faire; le réveil jette toujours sur eux un voile qui en obscurcit la plupart des détails. Nous ne saurions donc redire ceux qui agitèrent le sommeil du comte; tout ce que nous en savons, c'est qu'ils furent d'un orientalisme fort prononcé. Quand il s'éveilla, il aperçut la mystérieuse châtelaine assise à son chevet, et croyant sans doute continuer son rêve, il jeta un cri de joie et étendit les bras vers elle... Hélas! le soleil entrait à grands flots dans la chambre, et le dénoûment du rêve devenait impossible.

— Avez-vous bien dormi, comte?

— Je dois avoir dormi quinze heures, madame.

— Quatre seulement, comte.

— Impossible!

— Voyez plutôt.

Elle lui indiqua du doigt la pendule. La pendule marquait six heures à peine.

— C'est drôle! continua-t-il, il me semble avoir dormi un siècle.

— Etes-vous toujours curieux?

— Oh! certes.

— Voulez-vous savoir mon nom?

— Je vous le demande à genoux.

— Et mon histoire ?

— Je l'écoute de mes deux oreilles.

— Serez-vous discret ?

— Comme la tombe.

— Le mot est ambitieux, mais n'importe ! nous avons deux heures devant nous, écoutez-moi.

— Donnez-moi d'abord vos deux mains à baiser.

— Vous êtes avide, une seule suffit.

Elle appuya sa main blanche sur ses lèvres et commença.

— Je suis d'origine persane et la fille d'un grand-visir...

Le comte fit un geste d'étonnement.

— Vous voyez-bien, dit-il, que nous sommes en plein conte arabe.

— Attendez donc, impatient ! Avant d'être visir, mon père a été ambassadeur du shah de Perse à la cour de France, et je suis née, moi, à Paris, rue Saint-Honoré, dans le voisinage du Palais-Royal. J'ai vécu quinze années en France, et cela vous explique pourquoi, malgré mon origine, je parle votre langue aussi purement.

— Et je comprends, moi, dit le comte, pourquoi malgré votre costume, vous êtes si minutieusement Parisienne et femme de cour.

— Monsieur le comte ?

— Madame ?

— Savez-vous que mon histoire est longue ?

— Tant mieux, madame.

— Tant pis ! car si vous m'interrompez toujours nous n'arriverons jamais à la fin.

— Mille pardons, madame, je vais être muet.

— J'ai vingt-trois ans. Il y en a cinq que j'ai quitté Paris, et que mon père a été élevé par le shah à la dignité de grand-visir. Deux mois après notre retour à Ispahan, mon père reçut une lettre de Paris, signée de l'ambassadeur autrichien, laquelle lettre lui recommandait énergiquement un jeune maggyare du nom de ban Rodstock.

Le comte tressaillit :

— Je le connais, dit-il.

— Je le sais, reprit-elle. Attendez : le maggyare voyageait et se proposait d'aller dans l'Inde en traversant la Perse où il comptait séjourner une année. Mon père avait adopté à Paris les habitudes européennes, et il avait renoncé à bon nombre de coutumes de notre pays, celle entre autres de voiler soigneusement les femmes, de les séquestrer dans leurs appartements et de ne les montrer à aucun homme. Ma mère et moi portions assez fréquemment le costume des dames françaises. Le maggyare trouva chez mon père une hospitalité tout à fait européenne, il vécut deux mois dans notre intimité et ne s'aperçut presque jamais qu'il était en Perse. Il me trouva belle et il m'aima. Mais si mon père avait renoncé aux mœurs persanes, il était demeuré fidèle à la loi du prophète qui nous défend toute alliance avec les giaours ou infidèles. Le maggyare était chrétien. Pour m'épouser il fallait abjurer sa religion et embrasser le culte de Mahomet. Il n'y songea pas une minute et trouva beaucoup plus simple de m'enlever.

J'étais une enfant crédule et naïve, tout ce que je savais du monde je l'avais lu dans les livres de M. Crébillon fils et autres romanciers de votre pays. En outre je ne me voyais pas, sans frémir, destinée à un riche persan ami de mon père et l'un des plus grands dignitaires de l'empire, mon futur mari descendait de l'un des rois mages qui allèrent saluer le prophète Jésus, il portait au petit doigt de la main gauche l'anneau de Salomon, et pour toute autre femme persane que moi, c'était la plus illustre des alliances. Malheureusement il avait une barbe blanche, et quand il passait dans les rues les fidèles étaient contraints de s'agenouiller le front dans la poussière. Tout cela n'eût été rien encore ; mais sa femme n'était point affranchie de cette adoration ; bien au contraire, elle devait s'incliner devant lui et lui baiser les pieds toutes les fois qu'il daignerait la visiter. Or, vous sentez que mon éducation européenne et mes récents souvenirs de Paris où les hommes, au lieu de se faire adorer par les femmes, ont coutume de passer une moitié de la journée à leurs genoux, ne contribuaient nullement à me faire envisager le mariage persan sous un jour agréable.

Le maggyare était beau, il était élégant et riche, les perles fines et les rubis étincelaient à son dolman, il avait un langage séduisant, poétique, un œil qui fascinait... Je l'aimai.

Il arriva qu'un jour mon père, en sa qualité de grand-visir, fut obligé de partir pour une province du littoral qui s'était rebellée, et comme un grand seigneur persan emmène toujours sa famille avec lui, ma mère et moi fûmes du voyage. Le maggyare demanda à mon père la permission de l'accompagner, mon père y consentit.

Nous fixâmes notre résidence au bord de la mer, non loin de l'embouchure du Gange. Alors mon père fut contraint de se mettre à la tête d'une armée et de marcher contre les insurgés. Son absence devait être de huit jours. Elle me perdit.

Un soir le maggyare fut plus éloquent, plus persuasif que de coutume, il me parla de cette existence moitié orientale, moitié européenne de son pays, existence qui me rendait le luxe et le faste indolent du mien sans m'en imposer les préjugés. Il m'ébranla; mais j'essayai de résister encore... Il m'offrit alors de m'épouser selon les lois européennes et sans m'obliger à changer de religion. J'étais indécise déjà, je fus vaincue par cette dernière offre. Un navire hollandais était en rade. Nous profitâmes d'une nuit obscure, je gagnai à prix d'or deux serviteurs de mon père, ils trouvèrent une chaloupe et nous accostâmes le navire hollandais qui appareilla au point du jour. De là datent mes infortunes. Le maggyare était brutal, emporté, il m'aimait d'une passion furieuse qui, longtemps contenue dans les bornes étroites du respect, éclata en violence du jour où je fus en son pouvoir. Nous n'avions point touché encore la terre d'Europe que déjà je ne l'aimais plus. Hélas! il était trop tard...

Nous débarquâmes en France, nous vînmes à

Paris d'abord. Là, Michaël, c'est ainsi qu'il se nomme, se montra d'une jalousie féroce et sans exemple. Il me déroba à tous les yeux. Il avait acheté un petit hôtel rue du Bac, entre cour et jardin, isolé, perdu. C'est là qu'il s'enferma avec moi, là qu'il trouva moyen de si bien dissimuler mon existence, que nul de ses amis, et vous étiez du nombre, ne soupçonnât jamais qu'il ne vécût pas entièrement seul...

— Comment ? interrompit le comte, vous étiez là, à Paris, rue du Bac !

— Oui, comte.

— Il était donc bien jaloux ?

— Ecoutez : un jour j'eus le malheur de me mettre à la croisée et d'encadrer ma tête une minute, dans une touffe de clématites grimpant aux persiennes, savez-vous ce qu'il fit ?

— Il ferma la croisée, sans doute.

— Il me donna un coup de poignard qui, grâce à une broche en diamants que j'avais au col, ne fit que m'effleurer.

— Horreur ! s'écria le comte.

— Mon boudoir était attenant au salon, la cloison était mince, j'entendais facilement ce qu'on y disait. Ainsi, mon cher comte, je vous connais depuis longtemps, je vous ai vingt fois entendu soutenir de paradoxales, chevaleresques et folles théories, j'aimais votre esprit, j'aimais votre bravoure, j'aimais...

— Oh! interrompit le comte, vivement, assez, madame, je deviens fou.

— Soit. Je poursuis : nous passâmes trois mois à Paris, moi enfermée, lui négociant je ne sais quelle ténébreuse intrigue qui sans doute n'aboutit point, car un soir il entra brusquement chez moi et me dit :

— Nous partons dans une heure.

Plusieurs fois, depuis que j'appartenais à cet homme, je lui avais rappelé sa promesse et je lui demandais :

— Quand m'épouserez vous ?

— Dans mon pays, m'avait-il répondu.

Nous partîmes. Ce fut ici qu'il m'amena. Il avait bien encore une terre en Hongrie, mais il ne l'habitait que rarement, me dit-il. Il m'aimait, il est vrai, son amour était une adoration perpétuelle. Il m'environna de ce luxe splendide, de ces soins délicats, de ces menues attentions dont seuls les grands seigneurs de la cour de France semblent posséder le secret. De nombreux serviteurs obéissaient à mes moindres gestes, prévenaient mes plus futiles désirs. Je n'avais pas le temps de faire un souhait qu'il se trouvait accompli.

Au bout de quelques jours je lui demandai de nouveau.

— Quand m'épouserez-vous ?

Il fronça le sourcil et me dit :

— Ceci est impossible.

Je me levai indignée.

— Pour le moment, du moins; ajouta-t-il.

Et comme je le regardais avec une douloureuse stupeur :

— Savez-vous, poursuivit-il, que je suis marié ?

— Marié ! m'écriai-je hors de moi et défaillante.

— Oui, répéta-t-il, marié... mais pas pour longtemps.

Je ne compris pas, je levai sur lui un œil hagard et atone.

— Ma femme mourra dans six mois reprit-il.

Et comme je me taisais toujours il ajouta :

— Je l'ai soumise à un traitement sûr, elle mourra inévitablement.

Ceci devenait une énigme pour moi, je n'eus pas la force de lui demander une explication. Il me la donna de lui-même :

— Ma femme, me dit-il, est poitrinaire depuis longtemps. Je l'ai reléguée dans mon château des bords du Danube, fleuve dont les brouillards sont mortels pour ceux qui ont les poumons attaqués. Elle ne s'en doute point et meurt en souriant.

Je poussai un cri d'horreur.

— Je ne l'aime pas, me dit-il froidement.

Je reculai épouvantée.

— Et vous je vous aime... ajouta-t-il.

Oh! vous sentez que dès lors cet homme me fit horreur et que je songeai à fuir. Seulement je dissimulai, je redevins, j'eus le courage de redevenir caressante, affectueuse, soumise à ses caprices jaloux, muette devant ses emportements. Il chassait chaque jour et m'emmenait. Un matin je feignis une indisposition, il partit sans moi. Quand je fus seule, je fis seller un cheval et je m'enfuis au galop, courant au hasard dans un pays qui m'était inconnu, seulement escortée par l'un des deux serviteurs persans que nous avions emmenés avec nous.

Après quinze heures de marche, nous allâmes frapper au milieu d'une forêt, à la porte d'un bûcheron qui nous donna l'hospitalité. J'étais brisée, je m'endormis sur un grabat, d'un profond sommeil. — Quand je m'éveillai, je poussai un cri d'effroi — le maggyare était debout à mon chevet.

— Madame, me dit-il avec calme, vous avez voulu m'échapper, votre espérance était insensée; ma femme sera morte dans trois mois, après je vous épouserai. D'ici là vous m'appartenez corps et âme, je suis votre maître, et si vous essayez encore de me fuir, je vous tue.

Je frissonnai, il reprit :

— Quant au serviteur qui vous a suivie, vous aller voir comment je saurai le mettre dans l'impossibilité de recommencer.

Il appela, le Persan parut. Le maggyare ne prononça pas un mot, mais il prit un pistolet à sa ceinture, ajusta le malheureux et fit feu. Le Persan s'affaissa sur lui-même et mourut sans avoir jeté un cri. Je m'évanouis, le maggyare m'emporta je ne sais comment, et quand je rouvris les yeux j'étais couchée en travers sur sa selle.

A partir de ce jour, il ne me fit plus aucun reproche, il s'absenta même assez souvent et sans la moindre crainte; seulement, deux Hongrois, ses âmes damnées, ne me quittaient pas d'une minute et avaient l'ordre de me tuer à la moindre tentative d'évasion. J'étais prisonnière à jamais.

— Eh bien? demanda le comte impatient, comment vous êtes-vous affranchie?

— Je ne le suis pas encore, écoutez : vous savez le nom sinistre de cette vallée, la réputation infernale de ce château ?

— Oui.

— Le maggyare l'avait ainsi préparé pour moi, il était bien certain que les habitants de la contrée ne viendraient jamais y rôder à l'entour, et c'était pour entretenir cette terreur chronique que toutes les nuits, il le faisait illuminer de la base au faîte, pour lui donner une couleur infernale.

— Très-bien.

— Or, le maggyare est colonel d'un régiment hongrois de l'Empire, la guerre est venue, il a fallu marcher et se battre.

Le corps d'armée dont son régiment fait partie, tient la campagne à cinquante lieues d'ici. Il ne peut donc venir me voir souvent, il a même été contraint de dégarnir le château d'une partie de ses serviteurs qu'il a incorporés dans son régiment, et il m'a laissée à la garde de ses deux Hongrois, d'une douzaine de domestiques Slavons, de mon Persan et de son valet de chambre qui est Français et qu'il a amené de Paris.

— C'est la voix que vous avez entendue déjà.

— Ah! fit le comte, eh bien?

— Hier j'ai eu la visite du maggyare, il est reparti quelques heures après et ne reviendra pas avant dix jours; mais j'ai entendu une conversation singulière qu'il a eue avec ses deux Hongrois.

Un espion l'avait averti qu'un gentilhomme français devait s'en aller jusqu'à Constantinople en chassant, et porter un message au sultan. Le gentilhomme, c'est vous ; le maggyare savait que vous passeriez inévitablement par la vallée, et il avait recommandé qu'on vous retînt prisonnier au château et qu'on eût pour vous les plus grands égards. En outre, il m'était défendu de me montrer, et le château devait être pour vous la retraite du diable.

— En sorte, interrompit le comte, que c'est pour cela que je l'ai trouvé désert?

— Oui, dit la jeune femme, les Hongrois avaient donné leurs ordres ; seulement, aidée du valet de chambre français que j'ai gagné à ma cause et de mon Persan qui m'est dévoué, j'ai joué les Hongrois.

— Ah ! fit le comte intrigué.

— Dans mon pays, continua la fille du grand-visir, l'usage de l'opium est assez fréquent; nous en fumons dans nos pipes à petite dose, et nous en avons toujours à notre disposition, le maggyare ne m'en a jamais refusé. Or, hier, les Hongrois, après avoir tout disposé pour votre réception, ont annoncé que vous chasseriez aujourd'hui, et les piqueurs sont allés faire le bois et détourner un élan. Puis ils m'ont intimé l'ordre de rentrer chez moi et de m'y enfermer, après quoi ils se sont mis au lit eux-mêmes. Ils avaient largement soupé, largement bu, ils dorment pour quarante-huit heures, au moins.

— Grâce à l'opium; sans doute? demanda le comte.

— Mon Persan en a mis dans tous les mets. Venez voir plutôt.

Le comte s'était endormi tout habillé, il n'eut donc aucune toilette à faire et suivit sa belle hôtesse qui poussa une porte et l'introduisit dans une pièce où ronflaient, comme des orgues d'église, deux grands gaillards d'une taille athlétique, barbus et de mine farouche.

— Tudieu! murmura le comte, voilà de terribles gardiens!

— Vous trouvez? Eh bien nous allons les mettre en cage pour quelques jours.

— Comment cela?

— Etes-vous robuste?

— Comme un Turc.

— Alors prenez l'un de ces drôles sur vos épaules et suivez-moi.

Le comte obéit, la jeune femme ouvrit une seconde porte qui démasqua un escalier tournant et sombre, et prit un flambeau.

— Où allons-nous? demanda le comte.

— Dans les souterrains du château, répondit-elle.

Ils descendirent pendant dix minutes, à la lueur blafarde de la torche, ils arrivèrent dans une étroite galerie sur un plan incliné très rapide, ils firent une dizaine de pas encore, et se trouvèrent enfin devant une porte de fer munie de gonds solides et d'une triple serrure que la châtelaine ouvrit à l'aide d'une seule clé et avec une dextérité merveilleuse. Le comte se trouva alors dans une sorte de caveau humide et recevant un filet d'air par un étroit soupirail.

Dans ce caveau était une sorte de grabat sur lequel, à un signe de sa conductrice, il déposa le Hongrois endormi.

— Allons chercher l'autre, lui dit-elle.

Le deuxième geôlier de la châtelaine fut couché de la même manière côte à côte de son compagnon.

Alors la châtelaine ajouta.

— Le valet de chambre du maggyare va leur descendre des vivres pour dix jours. Ils ne s'éveilleront pas avant demain, du reste, et à leur réveil ils auront beau jurer et tempêter, appeler et se ruer contre la porte, nul ne les entendra.

— Mais, objecta le comte, quand leurs vivres auront disparu, ils mourront de faim !

— Du tout.

— Comment cela ?

— Le maggyare vient ici tous les dix jours. Je vais laisser quelques lignes à son adresse, dans lesquelles je lui apprendrai ma fuite et lui indiquerai la retraite provisoire de ses aides-de-camp.

— Très-bien, et dans dix jours ?

— Nous aurons atteint Constantinople cher comte.

Le comte regarda la châtelaine, son visage rayonnait de beauté, de malice et d'esprit : c'était un démon qui avait revêtu la plus séduisante des formes.

— Et... à Constantinople ? demanda-t-il.

— A Constantinople, comte, vous me conduirez à bord d'un navire persan ou vous me procurerez une escorte et je retournerai chez mon père.

Le comte frissonna.

— Est-ce une résolution inébranlable ?

Elle le regarda et hésita.

— Ne vous aurai-je donc rencontrée que pour vous perdre à jamais ?

— Que vous importe !

— Mais je vous aime ! s'écria le comte.

Elle se prit à rire :

— Quelle folie ! murmura-t-elle.

Il se jeta à ses genoux, lui prit les mains, les baisa avec délire et continua.

— Vous aviez bien consenti à épouser le maggyare.

Elle rougit et baissa la tête :

— J'étais pure, fit-elle bien bas.

— Vous êtes la plus belle et la plus noble des femmes ! s'écria-t-il avec exaltation.

— Vous m'épouseriez donc ?

— Je vous le demande à genoux.

— Eh bien ! lui dit-elle, mettant un baiser sur son front brûlant, nous verrons.

C'était presque une promesse. Le comte se leva en poussant un cri de joie, il la prit dans ses bras et l'emporta à travers les galeries souterraines, et les escaliers jusqu'à la chambre des Hongrois. Là elle devint maîtresse d'elle-même et lui dit :

— Nous n'avons pas de temps à perdre, il faut partir.

— Partons !

— Les gens du maggyare savent que vous devez chasser aujourd'hui; ils ignorent que les Hongrois ont reçu l'ordre de ne pas me laisser paraître et de vous ramener ici, ce soir, bon gré malgré. Peut-être auront-ils quelques soupçons en ne voyant point ceux-ci; mais heureusement le valet de chambre du maggyare a toute autorité sur eux et leur persuadera que les Hongrois sont partis, cette nuit par ordre de leur maître.

— Très-bien. Et nous les emmènerons donc jusqu'à Constantinople ?

— Pourquoi pas ?

— Mais ils finiront par comprendre que le maggyare est joué...

— Non, car nous relaierons, en route, dans trois châteaux du maggyare.

— Et partout on croira...

— Nul, excepté les Hongrois et le valet de chambre, ne connaît la tyrannie qu'il exerce sur moi, chacun a l'ordre de m'environner de soins et de respect, de m'obéir en tous points, tous s'imaginent que j'ai un empire excessif sur le maggyare, et comme en Bohême et en

Hongrie la féodalité existe dans toutes ses rigueurs, il n'est pas un de ses vassaux qui ne frissonne à la pensée qu'il déplairait à son seigneur et maître en me refusant une obéissance aveugle. En route, comte, on sonne le départ.

— Un moment, madame ?

— Quoi donc !

— Vous oubliez d'écrire au maggyare.

— C'est juste.

— Voulez-vous que je le fasse moi-même ?

— Oh ! la drôle d'idée.

— Attendez.

Le comte entra dans le boudoir de la châtelaine où il trouva du papier et des plumes, et il écrivit la lettre suivante au maggyare :

« Mon cher comte, il existe un proverbe sur les anguilles, que je n'ai pas le temps de vous citer, mais que vous devinerez, j'en suis sûr. Vous aviez un trésor que vous serriez beaucoup dans vos mains, il vous glisse entre les doigts, et j'y aide un peu, je l'avoue. La future comtesse Rodstock éprouve le besoin de respirer l'air de Constantinople, et je l'accompagne; j'espère qu'elle voudra bien me suivre à Paris où j'aurai l'honneur de vous la présenter, dans un mois, sous le nom de comtesse de Main-Hardye.

« Votre tout dévoué.

« P. S. — A propos, vous aviez laissé auprès de notre belle châtelaine, deux Hongrois assez mal élevés qui eussent combattu par de fort mauvaises raisons le voyage de Constantinople ; j'aime peu les discussions de cette nature, et j'ai trouvé plus simple de les enfermer dans un de vos souterrains. Le diable seul, votre co-propriétaire du manoir de la Vallée Rouge, les en pourrait tirer avant votre retour et j'ai quelque lieu de croire qu'il préfèrera vous attendre.

» A vous encore.

P. S. — Je vous remercie de l'excellente et féerique hospitalité que j'ai reçue chez vous, et je vous complimente sur votre cabinet cynégétique, les écuries et le chenil, qui sont irréprochables.

» A vous toujours.
Comte de Main-Hardye. »

La châtelaine parcourut la lettre des yeux et laissa échapper un rire frais et mutin qui mit à nu les trente-deux perles qu'un génie persan ou indou lui avait données en guise de dents. En ce moment le valet de chambre du maggyare se présenta et salua le comte avec cette familiarité respectueuse des Frontins mis à la mode par le duc de Richelieu.

— Ah! te voilà, drôle! fit le comte en souriant, je te prends à mon service.

— Monsieur le comte m'honore.

— Me voleras-tu beaucoup?

— Le moins qu'il me sera possible, monsieur le comte.

— Voilà un garçon d'esprit et qui me convient, murmura M. de Main-Hardye; porte cette lettre dans la chambre du maggyare.

Le comte offrit sa main à la châtelaine qui, pendant qu'il écrivait, avait revêtu un costume de chasse, et tous deux passèrent à la salle à manger où ils entamèrent un pâté froid et burent le coup de l'étrier. Puis ils descendirent dans la cour, où les attendaient leurs chevaux tout sellés et les chiens couplés deux par deux.

Les gens du maggyare se composaient d'une douzaine de piqueurs et valets de chiens, d'une assez belle taille pour la plupart, Hongrois et Bohêmes d'origine, portant le sayon de poil de chèvre, les guêtres de cuir montantes et le bonnet de fourrures. Au milieu d'eux, pérorait en langue allemande, qu'il comprenait assez bien du reste, le valet de chambre du maggyare qui leur expliquait brièvement que leur maître avait mandé auprès de lui les deux Hongrois auxquels ils obéissaient d'ordinaire, et que les désirs de *Madame* étaient de se rendre, en chassant, de compagnie avec le gentilhomme français, jusqu'au château que le maggyare possédait aux environs de Pesth. On sonna le boute-selle, la châtelaine et le comte mirent le pied à l'étrier et l'on partit.

Une heure après on arrivait au rendez-vous de chasse, et le rapport était fait. L'élan détourné était de la plus belle taille et promettait de tenir bon une journée entière. Mais les chiens du maggyare étaient de première force, et sept heures après, l'élan aux abois leur faisait tête et recevait dans le front la balle du comte. Le comte était trop veneur pour n'avoir point un peu oublié, grâce aux émotions de la journée, sa mission diplomatique, les dangers qu'il courait en enlevant ainsi une châtelaine et ses gens, et l'amour même qu'il ressentait pour elle. Il fit méthodiquement la curée, mit de côté l'aloyau et les rognons de l'élan, lui coupa le pied droit et l'offrit à la châtelaine qui l'accepta le sourire aux lèvres.

— Ah ! diable, s'écria le comte, en ce

moment, ceci me fait penser à une chose...

— Laquelle ?

— J'ai oublié mon piqueur Bouquin.

— Bah ! dit la châtelaine, vous le retrouverez au premier jour. Le comte fronça le sourcil avec inquiétude; mais elle lui prit la main et lui dit :

— Vous avez perdu votre piqueur et trouvé une femme : il y a compensation.

Les chiens étaient recouplés, l'élan était mort, le jour baissait, l'enthousiasme du veneur s'évanouit, l'amour revint, et le comte oublia Bouquin. On alla coucher à trois lieues de là, dans une hôtellerie allemande où le souper fut passable. Le comte et la châtelaine soupèrent en tête-à-tête, et les velléités gaillardes et orientales de M. de Main-Hardye le reprirent plus ardentes et plus tenaces que la veille. Mais, à la fin du repas, il se trouva pris d'un impérieux besoin de dormir, et eut à peine le temps de se déshabiller. La châtelaine passa la nuit dans une pièce voisine.

— C'est drôle ! murmura le comte en se réveillant, il me semble que j'ai dormi huit jours.

— Non pas huit jours, répondit la châtelaine qu'il aperçut assise à son chevet, mais quatorze heures; il est une heure de l'après-midi, et il est maintenant trop tard pour chasser.

— Quatorze heures ! s'écria le comte, il fallait m'éveiller.

— Il y avait à cela une difficulté.

— Laquelle ?

— C'est que je dormais moi-même et me lève à l'instant.

La châtelaine avait dit vrai : il était trop tard pour chasser. On remit le départ au lendemain ; on avait dix jours devant soi, avant que le maggyare n'eût l'éveil. Le comte emmena la châtelaine dans un petit bosquet d'arbousiers, on leur apporta à dîner en cet endroit, et ils passèrent la journée sous un arbre, sur une nappe de gazon, au bord d'un ruisseau causeur, les mains dans les mains, comme un écolier et une pensionnaire bagayant le premier hymne de l'amour.

Le soir venu, ils retournèrent à l'hôtellerie allemande, après avoir ordonné qu'on fît soigneusement le bois, et qu'on détournât un ours, si cela se pouvait. Le comte s'éveilla à six heures du matin et, comme la veille, il lui sembla avoir dormi un temps infini. Le valet de chambre entra :

4.

— Faut-il éveiller madame? demanda-t-il.

— Oui, certes!

— Elle doit dormir encore, car elle s'est couchée tard.

Ces paroles, prononcées avec une bonhomie parfaite, chassèrent tout soupçon de l'esprit du comte. Il s'habilla, passa dans la chambre de la châtelaine où il trouva cette dernière mettant à sa toilette la dernière main, monta à cheval avec elle et se mit en chasse. Un ours avait été détourné, on le courut quelques heures, et puis le comte le tua d'un coup de son couteau de chasse.

Ce soir-là la couchée eut lieu dans un village qui tenait garnison hongroise. Le comte témoigna d'abord quelque inquiétude; mais la livrée du maggyare était connue, et nul officier ne le vint questionner. Ce soir-là encore, le comte se promit bien de réaliser une partie de ses rêves; mais il en fut comme des jours précédents, il s'endormit, ne s'éveilla qu'au jour et prétendit, une fois de plus, qu'il avait dormi un nombre d'heures incalculables. La châtelaine lui rit au nez, lui donna sa main à baiser, lui avoua qu'elle l'aimait et le fit remettre en route. Ce jour-là on courut au loup, et on s'arrêta dans une hutte de bûcheron. Le comte ne devait pas songer, pour le moment du moins, à renouveler ses tentatives des jours précédents. Chez un bûcheron? fi ! Et puis, du reste, il commençait à s'habituer à ce genre de vie, qui lui permettait à la fois de remplir une mission diplomatique, de chasser et de faire l'amour selon les maximes de Platon, le plus inoffensif et le plus sage des philosophes grecs.

Le lit qu'on lui donna était fort dur; mais, comme les jours précédents, il dormit à ravir et fit les rêves les plus étranges.

— Ah ça ! dit-il le lendemain à sa belle Persane, savez-vous, madame, qu'il m'est poussé une drôle d'idée ?

— Vraiment ?

— Figurez-vous que je me suis imaginé. Le comte hésita.

— Voyons ? fit-elle.

— Que je me suis imaginé que vous me jouiez le même tour qu'aux Hongrois vos geôliers ?

— Quel tour?

— Que vous m'administriez de l'opium chaque soir?

— Par exemple !

— Ce qui, continua le comte, me faisait dormir un peu trop.

— Mais, dit la châtelaine en riant, il me semble que vous êtes toujours levé à six heures.

— C'est vrai : mais qui me dit que je ne me suis pas couché avant-hier ?

La châtelaine haussa les épaules.

— Qui vous dit aussi fit-elle dédaigneusement, que je ne vous conduis pas directement chez le maggyare mon tyran, afin qu'il vous remercie de m'enlever à lui.

Le comte regarda la châtelaine, son argument était sans réplique, et son visage avait une telle expression de vérité qu'il se montra honteux de sa supposition saugrenue, lui prit les mains et lui dit :

— Pardonnez-moi, je suis fou.

— Je le crains, lui dit-elle froidement.

Le comte fut mal à l'aise le reste de la journée. Heureusement, vers le soir, le front de la châtelaine se dérida, et elle lui dit :

— Je vous pardonne, et croyez que je vous aime.

— Dites-vous vrai ? s'écria-t-il.

— Dans quinze jours je serai votre femme et vous le verrez.

— A propos, dit le comte, j'avais écrit au baron de Hollingen.

— Pourquoi faire ?

— Mais, pour l'avertir que j'irais chasser chez lui.

— Eh bien ! allons-y.

— Y pensez vous ?

— Nous passerons vingt-quatre heures chez lui, et nous lui dirons que vous avez rencontré le maggyare et qu'il vous a prié d'aller l'attendre dans son manoir de Hongrie avec ses gens et sa maîtresse qu'il a placée sous votre sauvegarde.

L'idée est charmante.

— De cette façon, nous emmènerons le baron avec nous jusqu'à Pesth, nous n'aurons que quelques lieues à faire pour toucher aux frontières ottomanes, et, l'opium aidant, nous les ferons sans lui.

— Bravo !

En atteignant la couchée, le comte apprit qu'il avait fait soixante lieues et qu'il n'avait plus que cinq journées de marche pour être rendu au château du baron de Hollingen.

— Diable, fit-il, cinq jours, c'est beaucoup, il y en aura dix que nous aurons quitté le château, et le maggyare sera sur pied.

— Eh bien ! dit la châtelaine, pourvu que nous ayons sur lui cinq jours d'avance, nous sommes sauvés.

La châtelaine, on le voit, ressemblait peu à ces jeunes filles effrayées qui, s'enfuyant avec leur amant, se retournent à chaque minute, craignant d'être poursuivies, et hâtent l'allure fatiguée du cheval qui les emporte. Mais le comte ne prit garde à cette réflexion de la châtelaine. Le comte était occupé depuis deux secondes à combiner un nouveau plan stratégique pour la soirée.

Il se mit à table, il fut aimable, gai, spirituel il ouvrit l'écrin de galanteries et de séduction qu'il avait patiemment amassé à Versailles, pendant quatre ou cinq années, en soupant avec M. de Richelieu et le duc de Chartres encore jeune. La châtelaine se montra ravissante de coquetterie, elle eut le savoir faire et les mignardises d'une jolie chatte créée dans un boudoir et bien élevée... Pendant une lieue le comte fut rayonnant et jouit par avance des honneurs du triomphe, ce qui ne l'empêcha pas, à la fin du souper, de sentir le sommeil l'étreindre peu à peu et le garrotter sur son siége. Alors il oublia ses savantes combinaisons et gagna sa chambre en trébuchant.

— Ma parole d'honneur! grommela-t-il tandis que le valet de chambre du maggyare le déshabillait, de trois choses l'une : ou je ne suis plus le veneur d'autrefois et je suis alors miné d'un mal inconnu, ou la châtelaine se moque de moi, ou ces maudits vins de Bohême sont capiteux en diable.

Cette dernière raison était la plus plausible, le comte s'en accommoda sans trop de difficulté et s'endormit. Même réveil le lendemain : il lui sembla que son sommeil avait duré une éternité. Cependant, une certaine précipitation que la châtelaine parut mettre à partir et le désir qu'elle manifesta de pousser, ce jour-là, le plus loin possible, chassèrent une fois de plus les vagues soupçons qui l'assiégeaient. La chasse fut superbe et un ours tomba sous la balle du comte, tandis que les oursons devenaient la proie des piqueurs.

Trois jours encore, les mêmes incidents, les mêmes phénomènes se renouvelèrent ; le comte avait fini par s'y habituer et se dire :

— Il paraît qu'en Bohême les nuits sont interminables et le vin capiteux.

Le soir du quatrième jour, au travers des brumes de la nuit tombante, on aperçut les flèches d'un château perdu au milieu d'un bouquet de bois et léché au sud par un étang. C'était le manoir du baron de Hollingen.

— Enfin ! s'écria la comtesse avec un soupir

de soulagement. On éperonna, on pressa du genou les chevaux essoufflés ; mais quelque diligence qu'ils eussent fait, le comte et la belle Persanne n'atteignirent le pont-levis du manoir qu'à la nuit close.

Le comte emboucha sa trompe et sonna une fanfare bien connue dans le pays de Bohême, la fanfare du *Veneur noir.* Il alla jusqu'au bout sans que rien parût remuer dans le château ; mais à la dernière note, une trompe mugit à l'intérieur et répéta gaillardement la fanfare.

— Oh ! oh ! dit le comte, notre hôte est ici, je reconnais sa trompe. En effet, le manoir s'illumina aussitôt, le pont-levis s'abaissa, et une voix joyeuse et rude, une voix germanique s'il en fut, cria en langue bohême :

— Bien venus soient les veneurs attardés !

— Surtout quand ils viennent de loin, répondit le comte en français.

Le baron parut, le comte mit pied à terre, et ils s'embrassèrent à la lueur d'une torche, le plus fraternellement du monde.

— Mon cher baron, dit le comte, je vous présente une dame de ma connaissance, tantôt, quand nous serons à table, je vous déclinerai son nom.

Le baron s'inclina :

— Venez, dit-il, mon souper est servi et j'ai déjà un convive.

Il offrit la main à la châtelaine et gravit le grand escalier côte à côte avec le comte. La salle à manger était illuminée comme pour une fête et il s'échappait de la table toute servie un fumet délicat qui promettait des merveilles.

Un grand gaillard, en uniforme de colonel hongrois, était déjà à table et se leva à l'approche des nouveaux arrivants. Mais, à sa vue, le comte recula d'un pas et porta la main à la garde de son épée. Dans ce colonel il venait de reconnaître... le maggyare !

— Ah ! par exemple, s'écria celui-ci, quelle aimable surprise, monsieur de Main-Hardye.

Le comte ne répondit pas, mais il se mit en travers de la porte, dans l'intention évidente de masquer la belle Persanne qui était encore derrière lui.

— Tiens ! s'écria le maggyare, vous ne m'amenez pas ma sœur ?

— Votre sœur !

— Sans doute.

Le comte était stupéfait.

— Me voici, dit la belle Persanne en écartant doucement le comte, bonjour frère...

— Suis-je ivre? s'écria le comte, ou fais-je un rêve?

— Pas le moins du monde, cher comte, répondit joyeusement le maggyare. Je ne sais trop quelle petite histoire mademoiselle de Rodstock a pu vous bâtir, mais, à coup sûr, elle m'aura fait une vilaine réputation.

Le comte était atterré et ne trouvait pas un mot.

— Figurez-vous, continua le maggyare, que j'ai rencontré le Znapan qui me portait votre lettre en Hongrie, mes soldats l'ont arrêté, lui et son compagnon qui venait ici; alors, comme j'avais quelques jours de liberté, je suis venu vous attendre chez mon ami d'Hollingen, laissant à ma sœur le soin de mettre ma meute, mes gens et mon château à votre disposition. Le comte se tourna vers la belle Persanne, elle vint à lui souriante, et lui dit:

— C'est une plaisanterie; pardonnez-moi.

— Ainsi donc, fit le comte qui ne savait encore s'il devait rire ou se fâcher, vous êtes sa sœur?

— Sans doute; et à marier, comte?

— Voudriez-vous être mon beau-frère, comte?

Le comte finit par rire et répondit:

— Vous m'assurez bien que c'est votre sœur ?

— Parbleu !

— Eh bien ! en ce cas, donnez donc des ordres, pour qu'on ouvre à vos deux Hongrois.

— Ah bah ! fit le maggyare, ils sont en liberté depuis longtemps. L'un d'eux va nous servir à table. Le comte fronça le sourcil :

— Ceci, fit-il, commence à ressembler à une mystification.

— Non pas, dit le baron d'Hollingen, mais c'est une ruse de guerre.

— Que voulez-vous dire ?

— N'avez-vous pas un congé d'un mois signé du maréchal de Belle-Isle ?

— Sans doute.

— Et, pendant ce congé, ne comptiez-vous pas pousser jusqu'à Constantinople pour savoir quelle bête de chasse on courait, d'ordinaire, sur les rives du Bosphore ?

Le comte rougit et porta une seconde fois la main à son épée.

— Oh ! dit tranquillement le maggyare, ne vous emportez point, comte, nous sommes gentilshommes et incapables de vous arrêter durant la période de votre congé, et nous ne voulons pas savoir ce que vous allez faire à Constantinople.

Le comte recula d'un pas et regarda le maggyare qui raillait toujours.

— Seulement, ajouta le baron d'Hollingen, votre congé expire ce soir.

— Mon congé expire ce soir ? s'écria le comte, vous êtes fou !

— Nullement. Vous croyez voyager depuis dix jours, vous voyagez depuis un mois.

Le comte porta les mains à son front :

— Je perds la tête ! murmura-t-il.

— Voyez plutôt, fit le maggyare, et il appela :

— Bouquin ? Bouquin ?

Le piqueur parut avec une mine consternée :

— Ce n'est pas malheureux, monsieur le comte, de vous voir enfin, il y a trois semaines que je vous cherche.

Le comte chancelait et pirouettait sur lui-même comme un homme aviné.

— Mon cher comte, lui dit le maggyare, vous savez par quel ténébreux moyen cette femme infidèle que vous voyez est parvenue à échapper à son mari en endormant ses geôliers ?

— Oh ! fit le comte qui commençait à comprendre.

— Eh bien ! elle s'est servie avec vous, chaque soir, du même procédé, et vous avez régulièrement, à chaque gîte, dormi deux jours sur trois; vos nuits étaient de quarante-huit heures.

La colère empourpra les joues du comte :

— Je suis joué! s'écria-t-il.

— Vous êtes notre hôte et un peu notre prisonnier, comte ; du reste, nous mènerons joyeuse vie, et nous dépeuplerons, durant votre captivité, toute les forêts du baron et quelques-unes des miennes.

— Je ne dépleuplerai rien; fit le comte avec un sang-froid terrible, j'avais promis d'arriver à Constantinople ou de me faire tuer ; je n'arrive pas, il faut donc que je me tue moi-même si je ne veux être un homme déshonoré. Vive le roi ! Et le comte tira son épée...

Mais, en ce moment, le galop d'un cheval retentit dans la cour, le comte hésita, la jeune femme se jeta sur son épée et la fit rentrer de force au fourreau, et tandis que M. de Main-Hardye se débattait, étreint qu'il était par les mains de fer du maggyare, une estafette entra poudreuse et crottée dans la salle et présenta une dépêche au baron.

Le baron l'ouvrit précipitamment et jeta un cri :

— Comte, fit-il radieux, vous pouvez vivre tranquille, vous ne serez pas déshonoré et vous irez à Constantinople.

— Que voulez-vous dire ? demanda M. de Main-Hardye stupéfait.

— Tenez, dit le baron lui tendant la dépêche, la paix est faite, vous pouvez aller à Constantinople maintenant, il n'y a plus de prisonnier ici.

— Eh bien ! s'écria le comte, j'irai en chassant.

La fausse Persanne, qui n'était autre que la sœur du maggyare, s'avança alors, et lui prit la main :

— Puisque j'ai fait une partie du mal, dit-elle, je vais essayer de le réparer, voulez-vous toujours m'épouser ?

— Oui, répondit le comte, mais à une condition,

— Laquelle ?

— C'est que je ne prendrai pas d'opium... le soir de mes noces.

I

L'ANNEAU DE FER DU PASSÉ.

Tout s'enchaîne dans la vie :

La jeunesse qui en est le point de départ, a sur elle une despotique influence, et les actions du premier âge servent de guide inflexible aux âges suivants.

L'avenir se modifie, subit mille métamorphoses ; qu'importe ! Il arrive toujours une heure où l'anneau de fer du passé se fait sentir d'une manière inexorable.

Le but de notre livre est dans ces quelques mots, et nous avons tenu à prouver une vérité terrible : c'est que les jours éteints exercent une domination fatale sur les jours à venir.

En politique, c'est l'histoire des peuples ;

En philosophie, l'histoire des hommes;

En morale et en amour, l'histoire des femmes

Un soir d'avril de l'année 1843, une berline de voyage roulait en plein pays nivernais, en amont de la Nièvre.

La capote était rejetée en arrière, les glaces baissées, et la berline ne renfermait pour tout voyageur qu'une jeune femme de vingt-six à vingt-huit ans, brune, petite, rose, potelée, et vêtue avec ce laisser aller de bon goût, cette exquise simplicité, qui trahit la Parisienne en province.

La journée avait été belle, le soir était délicieux.

Ce n'était point encore l'été, ce n'était pas même le printemps, mais ce n'était plus l'hiver : on eût dit un jour de transition, une heure intermédiaire entre le dernier frisson de mars et la première moiteur de mai.

Quelques bourgeons commençaient à poindre parmi les jeunes pousses des arbres et les haies déjà vertes, les ruisseaux avaient brisé leur carapace de glaçons et coulaient sous l'herbe naissante et drue en reprenant ce refrain vague et murmurant que la première gelée de l'âpre bise de décembre avaient subitement éteint, ainsi qu'au cri sinistre du vautour qui plane, la fauvette du buisson, berçant ses oisillons de ses notes perlées, se tait et demeure immobile et tremblante. Une gaze bleuâtre léchait déjà les contours des côteaux lointains ; le ciel avait perdu ce ton gris et terne de l'hiver, pour revêtir sa robe d'azur, et sourire aux rayons d'or du soleil ; — le couchant, prêt à recevoir le dernier soupir de l'astre-roi, avait revêtu de belles teintes de pourpre irisées d'opale, et la monotone et pieuse chanson de la nuit qui était proche élevait de la terre au firmament le premier accord de ce concert immense que les champs donnent à Dieu chaque soir avant de s'endormir, par les mille voix de la brise des arbres, des laboureurs et des troupeaux.

Et la berline courait au travers d'un ravissant paysage, mosaïque infinie et coquette, de vallons, de prairies, de petits bois, de chaumières et de villages rustiques, tout cela festonné par le ruban argenté de la Nièvre coulant entre deux rives de peupliers, de saules pleureurs et d'aunes, ces arbres, dont la brise a su faire de mélodieux instruments en frissonnant dans leur feuillage.

La jeune femme qui parcourait ce pays semblait en admirer les beautés, en aspirer les parfums avec une volupté mélancolique. Elle se penchait, curieuse, quand, passant devant une ferme du bord de la route, la berline attirait l'attention naïve et pleine d'étonnement des femmes filant sur le seuil, des enfants charbonnés et les cheveux en broussaille, jouant avec d'énormes chiens de garde dans la poussière du grand chemin, et de ces mêmes chiens, si doux avec les enfants, se jetant en hurlant de colère après les roues de la chaise de poste.

Puis, sa curiosité satisfaite, elle se rejetait au fond de sa berline, et se laissant aller à cette rêverie vague qui assaille le voyageur, si peu qu'il ait la tête et le cœur poétiques.

Parfois, cependant, un pli imperceptible se formait au milieu de son front mat et blanc et rapprochait ses sourcils noirs arqués comme ceux d'une odalisque de Circassie, imprimant à cette rêverie un cachet de tristesse. Mais, presque aussitôt, la voyageuse secouait les boucles brunes de sa luxuriante chevelure, et le pli du front s'effaçait.

Au moment où le soleil éteignait son dernier rayon sur l'aile des nuages floconneux épars dans le ciel, la berline atteignit une maison isolée sur la gauche de la route.

Cette maison était blanchie à la chaux ; ses

fenêtres, soigneusement vitrées, son toit de briques rouges attestaient de sa supériorité sociale sur les pauvres chaumières argilées et couvertes de paille qui, depuis Nevers, avaient si fort émerveillé la Parisienne. Une branche de houx était suspendue au-dessus de la porte, et au-dessous de la branche on lisait ces mots tracés avec une orthographe bizarre, dont nous respectons volontiers les allures capricieuses :

Au relé de la poste,
Malicorne loge à pié et à cheval, ser à boire et à mangé.

C'était, comme on le disait fort intelligiblement l'enseigne du sieur Malicorne, le relai de la poste.

La berline, en s'arrêtant, fit accourir l'hôtelier, sa femme, ses enfants et ses garçons de ferme et d'écurie, comme une population curieuse qui attend le moindre événement avec une impatiente avidité.

L'hôte s'avança, son bonnet de laine à la main, et dans un affreux jargon morvandiau et nivernais, qu'il avait la prétention de croire du français le plus pur, il demanda à la voyageuse si elle désirait dîner.

La voyageuse sembla réfléchir :

— Y a-t-il bien loin encore d'ici à Nogaret-sur-Nièvre ? demanda-t-elle.

— Six lieues de pays, répondit l'hôtelier.

— Qu'on peut faire ?

— En cinq heures, madame; il y a pas mal de montées, et la Nièvre, ayant débordé la semaine dernière, les chemins sont fangeux.

— Quelle heure est-il, maintenant ?

— Approchant six heures, madame.

La voyageuse parut se consulter, et murmura à part elle :

— Six et cinq font onze. Mon mari m'a dit qu'on se couchait de bonne heure au château; je trouverai tout le monde endormi... et puis, pour la première fois, arrivant inconnue... et...

Elle jugea convenable sans doute de ne pas achever sa phrase, car, s'interrompant brusquement :

— Pouvez-vous me donner une chambre pour la nuit ?

— Oui, madame.

— C'est bien ! je reste. Vous me ferez éveiller de bonne heure demain. Je veux partir au point du jour.

La parisienne voyageuse descendit de voiture, s'enveloppa avec une coquetterie frileuse dans sa palatine, entra dans la cuisine de l'auberge et alla s'asseoir sous le manteau de l'âtre, approchant ses petits pieds de la flamme de fagots qui pétillait et jetait un joyeux reflet sur les murs enfumés.

On lui prépara un assez mauvais souper que par compensation, sans doute, l'hôte se promit de lui faire payer fort cher, et sur sa demande, on la servit dans sa chambre. Cette chambre, la plus belle de l'auberge, était un affreux taudis assez sale, mal meublé, avec un carreau rouge, vierge de la cire et des rideaux jadis blancs, devenus couleur feuille morte.

— Dieu! fit la voyageuse avec un sentiment de dégoût et de répulsion, j'aurais préféré mille fois une de ces chaumières si riantes dans leur pauvreté, à cette auberge qui vise à une prétention ridicule et étale une parodie boiteuse du luxe des villes : Que c'est laid !

En attendant qu'on lui apportât le traditionel poulet brûlé des hôtelleries de grande route, elle s'approcha de la croisée et s'y accouda. La croisée donnait sur une prairie que bornait un rideau de peupliers au couchant ; derrière le rideau coulait la Nièvre.

Les marmitons et le cuisinier de l'hôtellerie étaient lents, sans doute, dans leurs préparatifs culinaires, car en attendant son souper, la belle voyageuse eut le temps de reprendre peu à peu sa rêverie du voyage, en contemplant le paysage qui commençait à s'assombrir, et suivant dans le ciel les gradations successives du crépuscule :

— Mon Dieu ! fit-elle, s'abandonnant tout entière à cette rêverie, que la vie est bizarre et semée de péripéties inattendues ! Que de choses depuis un an ! Comme mon existence est changée ! comme à ma misère a succédé l'opulence, à ma douleur le calme et la paix !

Pauvre fille du pavé parisien, n'ayant dans le passé que des larmes, dans l'avenir que de noirs soucis, j'ai vu soudain l'avenir s'éclaircir, se métamorphoser... me sourire... Oh ! béni soit l'homme qui m'a tendu la main, le cœur généreux et bon qui m'a donné son nom et son amour. Je veux être honnête et pure désormais. Je veux...

Un souvenir poignant assaillit sans doute l'esprit de la jeune femme, car son front se plissa aussitôt, une rougeur insolite que suivit une pâleur mortelle, monta à ses joues, et elle murmura un nom, un nom aimé et fatal sans doute, un nom qui avait le pouvoir de remuer violemment la cendre du passé et de lui arracher un déchirant écho : *Armand !*

— Oh ! continua-t-elle d'une voix qui tremblait, je veux l'oublier à toujours, je veux ensevelir son image et son nom dans mon cœur. Je l'ai bien aimé, je l'ai trop aimé, l'ingrat! je lui ai sacrifié mon repos de jeune fille, mon âme de vierge et l'honneur de ma pauvreté : il m'a rendu en échange, larmes et insomnies, remords et tortures ; je veux l'oublier!

Je le veux, car désormais il y a un abîme pour moi entre le passé et l'avenir, car un homme est venu à moi et m'a élevée jusqu'à lui, car cet homme est loyal et bon, car il m'a tout donné, nom, honneur et fortune, tout ce que je n'avais pas, tout ce que j'avais perdu...

A ces mots, une rougeur nouvelle empourpra le charmant visage de la jeune femme.

Cette femme était madame Anaïs Roland, mariée depuis quinze jours à M. Francis de Flars, député de la Nièvre, et qui, en attendant que son mari, retenu encore à Paris par son mandat représentatif, vînt la rejoindre, se rendait dans sa nouvelle famille qu'elle ne connaissait point encore.

Tandis que madame de Flars rêvait ainsi, l'hôte entra :

— Madame, dit-il, vous m'excuserez de ma hardiesse, mais je viens vous demander une grâce à genoux.

— Que voulez-vous ? demanda-t-elle avec douceur.

— Il passe si rarement des voyageurs, que nous sommes souvent à court de provision ; nous sommes dans ce cas aujourd'hui.

— Mon souper sera exigu, n'est ce-pas ? fit-elle en riant.

— Oh ! dit l'hôte avec orgueil, madame sera contente... Ce n'est pas cela.

— Qu'est-ce donc alors ?

— Nous avons tout employé pour le souper de madame, et voilà qu'il nous arrive un voyageur.

— Et vous n'avez rien à lui servir ?

— Justement. C'est un monsieur distingué, comme il faut ; si madame était bonne...

— Eh bien ?

— Et qu'elle voulût l'admettre à sa table ?

La jeune femme fronça imperceptiblement le sourcil.

— Mon Dieu ! fit-elle après un instant de réflexion et prenant en pitié l'embarras et l'humilité de son hôte, je le veux bien.

L'hôte poussa un cri de joie et redescendit quatre à quatre. Deux minutes après, la porte se rouvrit, et le convive de madame de Flars entra.

C'était un homme d'environ trente-cinq ans, beau de visage, grand, admirablement bâti, vêtu avec une élégante simplicité et indiquant, par sa tournure distinguée et léonine, ce type à peu près éteint aujourd'hui, de ces jeunes hommes oisifs et spirituels, endettés, débauchés, titrés et de grandes manières, qui, sous le règne de Louis-Philippe, foulaient l'asphalte du boulevard de Gand, dînaient au Café Anglais, couraient au *bois* le matin, et s'appelait la *jeunesse dorée*. Il était fort brun de visage, portait ses cheveux longs et crêpés, sa barbe en collier et ses ongles longs.

Il avait une cravache à la main et fouettait négligemment la tige de ses bottes à l'écuyère. Il était venu à cheval.

Madame de Flars, qui s'était de nouveau accoudée à la fenêtre, se retourna au bruit, envisagea l'étranger, et soudain poussa un cri, chancela et pâlit :

— Armand ! murmura-t-elle éperdue.

— Anaïs ! exclama le jeune homme avec une surprise vraie ou admirablement feinte.

Madame de Flars, muette, pâle, frissonnante, s'appuya au mur pour ne pas tomber, et attacha sur celui qu'elle venait de reconnaître un étrange regard rempli d'amour, de reproches et de terreur. Cet homme avait nom Armand, marquis de Lestang, et nous l'appellerons désormais le marquis.

Le marquis demeura un instant muet et immobile comme elle ; puis, semblant prendre une décision spontanée il alla vers la porte, la ferma, et revenant vers madame de Flars, épouvantée de cet acte, il se mit à genoux devant elle et lui dit :

— Anaïs, je suis un grand coupable, et c'est à peine si j'ose, si j'ai la hardiesse d'implorer de vous la grâce de m'écouter.

Madame de Flars tremblait de tous ses membres et ne répondit pas :

— Votre silence, continua le marquis, me dit assez combien j'ai été misérable et lâche envers vous, combien j'ai été coupable et abject en vous abandonnant. Mais réjouissez-vous, Anaïs, car mes tortures vous ont vengée d'avance. J'ai bien souffert, j'ai été malheureux depuis une année, plus qu'aucune langue humaine ne le pourrait dire... j'ai promené mes remords de ville en ville et de contrée en contrée, pareil à ces parricides qui portent de de climat en climat, éternellement et sans repos, un remords de feu au cœur et une tache de sang au font. Je vous abandonnai pour un caprice; le martyre fut mon châtiment. Un jour enfin, brisé, torturé, ne pouvant plus supporter mes remords, je pris la route de Paris, résolu à vous demander mon pardon et à mourir ensuite. A Paris, je ne vous ai plus trouvée, on m'a dit que vous étiez marié; et alors le désespoir m'a pris, la jalousie a étreint mon cœur et ma tête, et j'ai failli me tuer. Mais j'ai voulu vous voir une dernière fois, et j'ai couru sur vos traces; le hasard s'est chargé du reste...

Madame de Flars chancelait toujours, pâle, oppressée, mourante.

— Je vous pardonne, murmura-t-elle enfin; partez, monsieur...

Une larme jaillit de l'œil enflammé du marquis qui se releva lentement :

— Merci, madame, dit-il; maintenant je puis mourir...

Si sceptique, si blasée que puisse être une femme, il est rare qu'elle demeure indifférente et sourde à cette menace de suicide qui est l'*ultimatum* des amants et que pas un n'exécute d'ordinaire.

Ces dernières paroles du marquis produisirent une sensation terrible sur madame de Flars; et comme il faisait un pas vers la porte, elle s'élança vers lui, le prit par le bras et lui dit hors d'elle-même :

— Restez, je ne veux pas...

— Laissez-moi mourir, puisque vous m'avez pardonné !

— Je veux que vous viviez...

— Et moi je n'en ai pas le courage.

— Soyez homme !

— Que vous importe ma vie ou ma mort ?

— Que m'importe ! que m'importe ! fit-elle avec une impatience fébrile, mais...

Elle s'arrêta frissonnante.

— Oh ! si vous m'aimiez encore ? fit-il en étouffant un sanglot.

Madame de Flars recula frissonnante.

— Je ne m'appartiens plus, fit-elle, j'ai des devoirs à remplir, je veux être honnête, je veux... partez, partez, monsieur...

— Vous le voyez bien qu'il faut que je meure !

Et il s'éloigna d'un pas encore.

— Mon Dieu ! murmura la jeune femme brisée, vous n'aurez donc pas pitié de moi ? Vous ne viendrez donc pas à mon aide ?

— Vivre et ne plus vous voir, vivre et renoncer à vous ! s'écria le marquis avec exaltation ; mais vous savez bien que c'est impossible !

— Mais, monsieur, exclama la jeune femme d'une voix navrée, monsieur, n'avez-vous point assez torturé ma vie ! ne vous suffit-il point de ma jeunesse flétrie ? n'avez-vous pas assez de mes larmes de jeune fille, du lit de mort de ma pauvre mère, de ma misère passée et de mes cuisants remords ? Dites, ne m'avez-vous pas brisée assez ? et voulez-vous que je vous sacrifie l'honneur de l'homme qui m'a tendu la main, qui ignore ma faute, qui m'aime...

— Oh ! fit le marquis avec délire, je le sais bien qu'il vous aime, et je ne sais quel ange a veillé sur lui, car j'ai failli le tuer.

— Le tuer, monsieur ?

Et à son tour, madame de Flars se mit à genoux, se traîna au pied de cet homme, le bourreau de sa vie, et demanda grâce en se tordant les mains.

— Oui, fit-il avec une fureur croissante, je le tuerai, s'il me faut renoncer à vous pour toujours... je le tuerai avant de rejeter mon âme et ma vie aux ténèbres du néant.

— Vous ne le tuerez pas et vous ne mourrez point ! s'écria la pauvre femme.

II

LA LUTTE.

A une dizaine de lieues de Nevers, en amont de la Nièvre, se trouve un coquet village du nom de Nogaret, dans une vallée plus coquette encore.

Ce village est à la fois au bord de l'eau et sur une hauteur; l'eau, en revanche, est encaissée par deux chaînes de collines du plus pittoresque aspect.

A droite, elles sont boisées, rocheuses, d'un ton noirâtre, qui tranche à ravir sur le bleu cendré du ciel; à gauche, les rochers sont gris, de forme bizarre; ils enferment çà et là, dans un pli de leur manteau, une poignée de terre sablonneuse où la vigne pousse à merveille et sans échalas.

Entre les deux chaînes de côteaux une petite plaine verte, fleurie, lèche les deux berges de la rivière.

Au milieu de cette plaine et au nord-est du village, un grand massif de maronniers séculaires, clôturé d'un vieux mur, que le lichen et le lierre d'Islande tapissent de leur vert réseau ; au bout de ce massif et faisant face à l'allée principale, un petit château de structure féodale, un bijou de style avec pignons et tourelles qui, vu de loin, conserve un air de grandeur et de mâle fierté en parfaite harmonie avec le paysage mélancolique et grave d'alentour.

Quand on s'engage sous les grands arbres du parc, le castel apparaît comme une ruine austère du passé, restée debout pour blâmer le présent.

L'imagination y trouve un libre champ ; on se figure volontiers que, derrière la porte en chêne massif, solidement ferrée, ouvrant sur le perron, juste en face de l'avenue, un pesant homme d'armes fait retentir les dalles de ses chaussures éperonnées ; on peuple volontiers cette demeure grise et vermoulue, de preux d'un autre âge et de châtelaines prêtes à enfourcher un blanc et docile palefroi pour suivre au galop une chasse au faucon.

Mais l'illusion dure peu :

A cent pas du château, la voûte de maronniers s'élargit brusquement; plus de lapins traversant comme l'éclair le sable des allées, la nature cède ses droits au génie moderne.

A gauche du château s'élève un bâtiment carré, écrasé, que surmonte une cheminée pyramidale en briques rouges. De cette cheminée sort bouillonnante une fumée noire, du bâtiment s'élève un bruit sourd et cadencé, qui étonne avant qu'on s'en soit rendu compte. C'est le bruit d'un martinet ou forge à eau que la Nièvre alimente au moyen d'un canal ouvert à une lieue plus haut.

Une lueur rougeâtre jaillit, par instants, des mille fenêtres carrées de la forge, se projetant sur la façade grise du château et les massifs verts-sombres des maronniers.

A ces mêmes fenêtres apparaissent également, par intervalles, des figures noircies, flamboyantes, jetant sur ce bizarre assemblage d'un vieux château et d'une usine, un reflet infernal.

On dirait que la demeure des chevaliers est

tombée, par quelque pacte infâme et mystérieux, au pouvoir de Satan, le roi des ténèbres.

Alors cette réflexion fantastique aidant, le manoir reprend aux yeux des visiteurs l'auréole prestigieuse effacée un moment par le voisinage du bâtiment écrasé et crépi, auréole qui ne s'efface qu'au moment où l'on acquiert la certitude qu'on n'a sous les yeux qu'une de ces mille usines, source intarissable de prospérité pour le Nivernais moderne.

Ce château est le théâtre du drame que nous allons raconter.

Un soir du mois de juin 1844, c'est-à-dire quatorze mois après le passage de madame Anaïs de Flars dans l'auberge du sieur Malicorne, et sa rencontre avec le marquis de Lestang, cette même madame de Flars était seule, assise à une fenêtre du second étage du château, d'où elle pouvait dominer au loin la campagne et la route de Nevers qui serpentait parallèlement à la rivière.

Madame de Flars n'était plus cette jeune femme potelée et rose, la lèvre mélancolique et l'œil calme encore, que nous avons entrevue au fond de sa berline de voyage. Le pli de sa lèvre était devenu amer, son front se ridait sous le burin d'une pensée ardente ou d'un remords continu, nous ne savons lequel des deux ; elle était pâle, et son geste avait acquis une certaine brusquerie saccadée, trahissant une lutte perpétuelle des passions dans son cœur.

Madame de Flars froissait dans sa main le billet suivant :

« Dans ma volumineuse correspondance à
» François, je glisse un mot pour vous, mon
» cher ange et *ma chère cousine*. Peut-être se-
» rai-je obligé de repartir pour l'Allemagne, et
» alors mon absence durera une année. J'écrirai
» à Francis ultérieurement, et je lui donnerai,
» si je pars, un prétexte plausible. Peut-être
» ne partirai-je pas. Alors jeudi prochain, 25
» juin, dans l'après-midi, j'arriverai à Nogaret.
»   » Armand. »

Suivaient des protestations d'amour qu'il est inutile de rapporter.

Madame de Flars avait cent fois déjà lu et relu ce billet, et à sa pâleur, à l'excitation fébrile que trahissaient ses belles mains froissant le billet, il était aisé de comprendre qu'une lutte morale avait lieu chez elle.

L'amour combattait dans son âme la raison et le devoir.

L'amour disait : Le départ, c'est l'absence d'une année, un an composé de trois cent soixante-cinq siècles ; c'est le désespoir de l'attente, l'attente du désespoir, la jalousie furieuse, les tristesses abattues, les navrantes angoisses, la pâleur subite au reçu d'une simple lettre, les larmes brûlantes de l'insomnie... Il ne faut pas, je ne veux pas qu'il parte ! j'en mourrais...

Et alors elle se penchait à la fenêtre et interrogeait avec cette indicible expression d'anxiété de l'attente, le feston blanc de la route silencieuse et déserte à l'horizon.

Puis venaient l'honneur et la raison qui disaient à leur tour :

— Tu avais presque oublié cet homme, tu voulais vivre honnête et calme, au sein de la famille que t'avait donnée un homme de cœur : cet autre est venu se jeter sur ton chemin ; il a parlé de désespoir et tu l'as cru ; il a parlé de suicide, et tu l'as cru encore ; il s'est cramponné à ta vie qu'il avait brisée une fois déjà, et de nouveau tu lui as livré ta vie... tu lui as ouvert ta maison, à l'aide d'un titre mensonger de parent, et alors il t'a imposé ses volontés et ses caprices ; tu es devenue son instrument passif, tu as bouleversé à son gré les mœurs, les usages de cette famille qui t'accueillait; tu l'as fait rompre avec des amitiés de trente années, parler en maître à des serviteurs auxquels elle ne parlait qu'en amie ; tu as souffert mille tortures dans l'isolement de ton âme, dans le silence de ton cœur ; tu as menti à tout le monde, pour ne lui point mentir à lui ; tu as grimacé un perpétuel sourire, quand la honte rougissait involontairement ton front, quand le remords veillait à ton chevet; te suivait pas à pas et côte à côte. N'est-ce point assez mentir, assez souffrir, assez accumuler de haines autour de toi ? Et ton amour ne commence-t-il point à être las ? Auras-tu la force, si le hasard ne s'en mêle, de briser jamais cette chaîne mystérieuse, cette chaîne d'airain qui te lie à cet homme; et s'il part, si un an s'écoule, n'est-ce point ta délivrance ? N'auras-tu point le temps de l'oublier ?

Et comme elle avait écouté l'amour, elle écoutait maintenant la raison, l'honneur et interrogeait l'horizon, frémissante et craignant de voir apparaître la chaise de poste du marquis.

Pendant ce temps encore, l'horizon s'assombrissait, le ciel se voilait de nuages noirs et gigantesques, des flancs déchirés desquels devaient bientôt jaillir les lueurs de la foudre et les cataractes de la tempête. Un brouillard opaque s'étendait sur la Nièvre et montait peu à peu sur la route, alors l'amour reprenait le dessus et disait :

— Mon Dieu! mon Dieu! s'il est en chemin par un temps pareil? Mon Dieu ! ayez pitié de lui.

Et comme les femmes demeurent religieuses au milieu de leurs plus grands écarts, elle se mettait à genoux et priait pour lui.

L'obscurité augmentait toujours.

Soudain un coup de tonnerre retentit; la voûte du ciel vomit un éclair, et à la lueur de cet éclair, madame de Flars aperçut au loin sur la route une chaise de poste arrivant au galop de quatre chevaux écumants auxquels les premières voix de l'orage et le rugissement de la foudre semblaient donner des ailes.

Alors l'honneur et la raison, ainsi que ces gladiateurs antiques qui frappaient leur dernier coup d'épée en poussant leur dernier soupir, l'honneur et la raison élevèrent une dernière fois la voix et crièrent à son âme timorée :

— Ta honte et ta chaîne te vont reprendre... Malheur !

Et madame de Flars épouvantée, se rejeta en arrière, frissonnante, éperdue; puis, comme si elle eût éprouvé le besoin de chercher une égide contre le terrible ennemi qui revenait à la charge, elle songea à cette famille qui l'avait accueillie et qu'elle avait dédaigné, elle s'enfuit du lieu où elle était et descendit au salon où les hôtes de Nogaret se réunissaient d'ordinaire avant l'heure du souper.

III

LE SALON.

C'était une vaste pièce au premier étage, qu'on nommait *la grand'salle*, et dont l'ameublement et les décorations avaient conservé un noble parfum d'antiquité.

Un haute cheminée armoriée, à large manteau, faisait face à la porte et servait de trumeau entre deux fenêtres ogivales, garnies de rideaux de soie antique.

De vieux fauteuils en chêne sculpté, un grand bahut de la même époque, une tapisserie sur les murs, d'une étoffe pareille à celle des rideaux, au milieu d'une table oblongue à pieds torses, une galerie de portraits de famille, c'était tout.

Tout, si nous mentionnons en outre ces meubles funestes, confectionnés pour le supplice éternel des oreilles humaines : un piano à queue qui jurait et se mettait mal à l'aise parmi ce sévère ameublement du passé.

A l'angle droit de la cheminée où, malgré la saison, flambait un feu colossal, un grand vieillard borgne se tenait droit et roide dans son fauteuil de cuir à clous d'or.

A ses pieds dormait un grand lévrier écossais, au poil fauve, moucheté de blanc.

Devant lui, à l'angle opposé de la cheminée, un autre vieillard, aux yeux flamboyants, était accroupi sur un escabeau.

Le vieillard borgne était vêtu d'une grande redingote marron, boutonnée militairement. Il avait de longues moustaches blanches, une chevelure épaisse de même couleur et taillée en brosse.

Son visage osseux, sévère, énergiquement caractérisé, imposait.

C'était le maître de la maison et le fondateur de l'usine.

Monsieur de Flars était, en 1789, le dernier rejeton d'une bonne maison de gentilshommes, plus braves que riches, qui dépensaient leurs maigres revenus, et s'endettaient annuellement pour conserver leur grade presque héréditaire de lieutenant aux mousquetaires rouges.

Quand vint l'orage révolutionnaire, monsieur de Flars fit bravement son devoir de soldat et tira l'épée partout où l'épée de la noblesse sortit du fourreau. Mais le roi mort, il eut honte de ceux qui allèrent, en haine du nouvel ordre de choses, offrir leurs services à l'Autriche ou à la Russie. Il s'enrôla sous les drapeaux de la République, servit l'Empire, perdit l'œil gauche à Waterloo, et revint déposer dans le vieux manoir de ses pères, son sabre et ses épaulettes de colonel de cavalerie.

Mais le manoir tombait en ruines, le pays environnant était plongé dans une misère profonde, et pour tout le monde, l'avenir s'offrait sous de sombres couleurs.

M. de Flars avait, en Allemagne, étudié le mécanisme des hauts fourneaux et des forges; il se prit à penser qu'il pourrait utiliser les eaux de la Nièvre et les forêts environnantes dont on ne retirait presque aucun profit.

Actif et intelligent, pressentant le règne prochain de l'industrie, monsieur de Flars, marquis de Nogaret-sur-Nièvre, prit sans hésiter un marteau de forgeron et fit construire une usine.

Il appela à lui tous les pauvres bûcherons du pays, leur offrit du pain et du travail, et, au bout de quinze ans, il avait remboursé ses créanciers, fait sa fortune et amené dans la contrée une aisance générale.

Malheureusement, quelques années avant l'époque où commence notre récit, deux événements successifs vinrent le frapper.

Madame de Flars, une noble et sainte femme, chérie et vénérée de toute cette population de forgerons, était morte presque subitement : peu après le maître de forges lui-même avait été atteint d'une paralysie qui lui avait enlevé l'usage de la parole. Il était muet.

L'autre vieillard était un de ces serviteurs d'autrefois qui naissaient et mouraient de père en fils, dans la même maison, ne touchaient point de gages, s'asseyaient au bas bout de la table du maître, et disaient « *nos enfants* » en parlant des siens.

Jacques Nicou avaient quatre-vingts ans, il était sourd comme son maître était muet. Cependant, tous deux se comprenaient.

Le géant, car c'en était un, et robuste encore malgré son âge, était le valet de chambre de son maître. De sa voix de stentor qu'il n'entendait jamais, il interrogeait ce dernier, dont l'œil unique, qui n'avait rien perdu de son intelligence, répondait à ses questions.

Et c'était chose merveilleuse et touchante de voir ces deux hommes, l'un muet, l'autre sourd, avoir ensemble de longues conversations par signes, et s'isoler tous deux, lorsque Carmen n'était pas là.

— Qu'était-ce que Carmen ?

— Mademoiselle Carmen de Flars était une belle et sérieuse jeune fille, l'ange gardien de ces deux existences, celui de la contrée tout entière. Elle se plaçait entre eux, leur prenait les mains, leur prodiguait d'ineffables sourires, de suaves regards et comprenait leur muet langage.

Carmen n'était point au salon au moment où madame de Flars y descendit. Son mari s'y trouvait seul avec les vieillards.

M. Francis de Flars, alors assis près de la table oblongue et lisant un journal, pouvait avoir trente-deux ans.

Il résumait le type de l'honnête homme pur, intelligent. Sa physionomie était épaisse, son œil bleu un peu terne, ses cheveux d'un blond fade. Il prenait du ventre avant l'âge, et ses traits, assez réguliers du reste, commençaient à s'empâter disgracieusement.

Francis avait succédé à son père dans la gestion de l'usine, lorsque celui-ci perdit la voix.

Cinq ans avant notre récit, porté à la députation par les populations de son arrondissement et acceptant loyalement son mandat, il était parti pour Paris, laissant à un maître-ouvrier et à son père le soin de ses affaires.

A Paris il avait épousé, un peu à la légère, disait-on, madame de Flars.

Madame de Flars avait sur son mari, l'empire de l'amour.

A son arrivée à Nogaret, elle avait été mal accueillie par les domestiques et les forgerons qui la regardaient comme une étrangère ; quelques innocentes réformes qui lui attirèrent la haine générale, l'influence fatale du marquis, homme irascible et marchant sans relâche vers un but ténébreux, l'avait poussée à des actes impolitiques. De vieux serviteurs furent chassés, monsieur de Flars, le père, relégué au second plan, ne fut plus consulté.

Peu à peu, toujours par les perfides insinuations du marquis, le vieillard avait été dépouillé de ses attributions, sous prétexte que cela le fatiguait, on ne lui permettait plus de vérifier les écritures et de se mêler aux travaux de la forge.

A l'heure où nous sommes arrivés, il ne quittait plus son fauteuil, et, graduellement envahi par la goutte, passait ses journées au coin du feu, avec Jacques Nicou et Love, le lévrier écossais.

Madame de Flars alla s'asseoir toute tremblante auprès de son mari, puis comme elle avait le cœur trop serré pour oser parler, elle prit sa broderie restée sur la table et baissa les yeux.

Dix minutes après la porte s'ouvrit et on annonça :

— Monsieur le marquis de Lestang.

A ce nom, le vieillard fronça le sourcil, et son œil unique se chargea d'une expression de colère contenue, difficile à peindre.

Francis tourna vivement sa face épanouie vers le seuil, et tendit la main au voyageur.

Quand à madame de Flars, la pauvre femme se prit à trembler plus fort, et ses jambes se dérobèrent sous elle. Elle faillit s'évanouir, la lutte de l'amour et de la raison devenait horrible.

Le voyageur serra cordialement la main de Francis et lui dit :

— J'ai fait d'excellentes affaires, Flars, nous en causerons.

Il s'inclina devant madame de Flars.

— Toujours belle et gracieuse, madame, dit-il.

Puis il alla auprès du vieux maître de forges :

— Bonjour, monsieur le marquis, fit-il avec une politesse obséquieuse.

Le vieillard répondit par une inclinaison de tête ; son œil, qui avait repris sa froide sérénité, sembla remercier.

Mais, en revanche, le lévrier, qui s'était éveillé au bruit de la porte, reconnaissant le nouveau venu, se prit à grogner sourdement, tandis que les yeux de Jacques Nicou étincelaient dans l'ombre comme deux lames d'acier heurtées par un rayon de lumière.

Le marquis prit un fauteuil, et il se disposait à s'asseoir entre Francis et madame de Flars, quand une vieille femme osseuse, du nom de Jannon, et la cuisinière du château, annonça du seuil :

— Madame est servie...

La salle à manger du château se trouvait au rez-de-chaussée, et la table n'y supportait pas moins de quarante ou cinquante couverts. M.

de Flars avait conservé l'usage féodal; les serviteurs et les forgerons célibataires mangeaient à la table du vieux colonel.

Quand les maîtres descendirent, les forgerons, les domestiques étaient assis, et se levèrent avec respect.

Alors on s'aperçut qu'une place demeurait vide... celle de Carmen.

En même temps l'orage redoubla de violence, la pluie heurta les vitres, et tous s'écrièrent en même temps :

— Où est Carmen ?

Le vieillard muet et le vieillard sourd se regardèrent avec une éloquente inquiétude, et comme s'ils n'eussent attendu que ce regard, les forgerons et les serviteurs se levèrent.

— Allez, leur dit Francis, courez à sa rencontre dans toutes les directions.

Mais au moment où tout le monde se précipitait vers la porte, le galop d'un cheval résonna dans l'avenue, et peu après, la jeune fille parut sur le seuil, sa cravache à la main.

Elle était fort pâle et toute ruisselante; sa pâleur redoubla quand elle aperçut le marquis.

— Encore cet homme! murmura-t-elle tout bas. Puis elle rassura tout le monde, mit son émotion sur le compte de l'orage, baisa son père au front et s'assit près de lui.

La sérénité revint alors sur tous les visages, il n'y eut guère que Jacques Nicou qui scruta de ses yeux flamboyants, la pâleur de sa jeune maîtresse, et Love, le lévrier écossais, qui plaça sa tête sur les genoux de Carmen, et grogna douloureusement tandis que ses yeux sanglants semblaient vouloir dévorer le marquis.

IV

LE TROU DE SATAN.

A une lieue au sud du château de Nogaret, la ligne boisée des côteaux allait se rétrécissant peu à peu et se hérissant de roches tourmentées, et de précipices qui finissaient par surplomber la rivière.

A un certain endroit, il y avait solution de continuité : les rochers se trouvaient coupés en deux par une crevasse profonde, et la route était obligée d'aller faire un long détour pour joindre un pont hardi jeté sur le torrent qui passait au travers avant de tomber dans la rivière.

Cette crevasse, qui s'élargissait de haut en bas, comme un entonnoir renversé, n'avait guère à l'orifice que douze pieds de diamètre, si bien qu'à la rigueur un cheval lancé au triple galop pouvait le franchir, s'il avait le jarret nerveux.

Mais si téméraire que puisse être cheval et cavalier, de mémoire d'homme, aucun n'avait tenté le saut et bravé le fracas menaçant et vertigineux du torrent qui bouillonnait en bas.

De plus, et c'était la meilleure raison peut-être, il y avait une sanglante et mystérieuse tradition dans le pays sur l'origine du *trou de Satan*. Ainsi nommait-on la crevasse. Cette tradition suffisait à glacer d'épouvante les plus hardis.

Entre la crevasse et le château se trouvait le village de Nogaret. Au-delà, à un quart de lieue environ, on apercevait une petite maison blanche, coquette, suspendue comme un nid d'hirondelles, au flanc des rochers..

Ce n'était point une ferme, encore moins une maison de plaisance ou une somptueuse villa des champs; mais quelque chose d'intermédiaire qui eût été fort bien placée à trois lieues de Paris, sur les côteaux de Bougival ou de Rueil.

Un seul étage, des volets verts, un petit jardin en amphithéâtre, de beaux espaliers grimpant aux fenêtres, et une simple porte, presque sans serrure, attestant éloquemment que, de Nogaret à Nevers, la vallée ne comptait pas un voleur.

Malgré son apparence aisée, sa position pittoresque, cette maison était inhabitée d'ordinaire.

Les fenêtres étaient toujours closes, la porte fermée : on l'eut volontiers crue abandonnée, sans le soin extrême avec lequel les allées du jardin étaient ratissées, les espaliers et les arbres taillés, la haie de clôture entretenue. En outre, un colombier surgissait au milieu des toits d'ardoise, et des beaux pigeons pattus en sortaient à toute heure pour raser, de leur vol majestueux et tranquille, la pointe des rochers et la lisière des sapins.

Tous les deux jours, un paysan venait, ouvrait portes et fenêtres pour aérer, secouait la poussière des meubles, donnait un coup-d'œil au jardin, refermait tout ensuite et s'en allait.

Au lieu d'emporter la clef, il la glissait sous l'une des trois marches qui formaient le perron.

Quelquefois une belle jeune fille, montant un cheval blanc, arrivait du côté de Nogaret, prenait la clef, visitait la maison d'un bout à l'autre et y passait même parfois de longues heures.

Puis sautant de nouveau sur son bel étalon limousin, qui broutait à la porte une touffe d'herbe, elle reprenait son chemin au galop, effleurant, l'insoucieuse, les précipices menaçants qui festonnaient le bord de la Nièvre.

Or, ce jour-là, une heure environ avant l'arrivée du marquis au château, la même jeune fille se montra au bout du sentier qui, venant du village, rejoignait la route que nous avons décrite.

Au couchant, l'horizon était envahi de larges et sombres nuages dont la teinte plombée voilait le soleil. Un brouillard blanc couvrait la Nièvre et s'allongeait des roches boisées aux roches chargées de vignes, effleurant l'une et l'autre rive et semblant les unir par un pont gigantesque. Le ton gris des roches et le ton blafard des brumes se fondaient même si bien, qu'à certains points de l'horizon il était impossible de reconnaître distinctement l'étroite route qui bordait le talus.

En second lieu, malgré l'époque avancée de l'été, la nuit commençait à venir, et, tout intrépide qu'elle pût être, la pauvre fille hésita quelques secondes ; mais sa terreur fut courte, et un coup de cravache lança le cheval en avant.

Le cheval était de cette race généreuse, quoique un peu massive, qui broute les pâturages du Nivernais et du Limousin ; il bondit sous le fouet, et arracha aux cailloux de la route une gerbe d'étincelles.

La distance de Nogaret à la maison blanche était d'une demi-lieue ; mais on l'apercevait aisément encore, malgré les brumes qui, de la rivière, montaient au flanc des côteaux, déchirant leur gaze blanche aux aspérités et aux brusques contours des rochers.

L'étonnement de l'amazone fut grand, lorsqu'elle vit au-dessus, un mince filet de fumée bleue s'élever en spirale indécise et trancher sur le gris terne du brouillard et le gris cendré du ciel, encore dégagé dans cette direction.

— Du feu dans la maison du pauvre Antoine, murmura-t-elle étonnée.

Alors, au lieu de rebrousser chemin, elle piqua son cheval pour arriver plus vite.

Que voulait dire cette fumée ?

Malheureusement, quelque hâte qu'elle eût d'arriver, le chemin devenait de plus en plus étroit et raboteux ; le précipice s'escarpait, et, dans le lointain, entre elle et la maison blanche, grondait le trou de Satan.

Elle fut donc obligée de ralentir sa course, et bien lui en prit, car le brouillard montait, montait toujours, et bientôt notre écuyère, abandonnant les rênes, se fia à l'instinct admirable du cheval pour reconnaître la route et ne point rouler dans la Nièvre.

Elle avait compté sans l'orage.

Le dernier lambeau d'azur disparut, le ciel n'offrit plus qu'une immense coupole de cuivre sans une fissure, d'une effrayante uniformité de ton.

Une vague terreur envahit le cœur de la belle amazone, une fois encore elle fut sur le point de tourner bride.

— Mais cette fumée?

Cette fumée qui tournoyait et montait tremblottante, naguère, au-dessus de la maison blanche, cette fumée inusitée, cette fumée apparue tout à coup et annonçant peut-être un retour.

L'amazone n'hésita plus, et laissa l'étalon limousin poursuivre sa marche à travers l'obscurité croissante.

Soudain la voûte cuivrée s'entr'ouvrit, une lueur fulgurante en sortit, éclaira une seconde la vallée tout entière et déchira le brouillard ; puis un fracas semblable à une décharge de mousqueterie mêlée à un roulement de tambours, ébranla la terre et le ciel.

Le cheval se cabra, épouvanté, la crinière roidie ; puis, comme si un invisible fouet d'airain, une lanière de feu eussent meurtri ses flancs et lacéré sa croupe, il s'élança en avant, les oreilles pointées, les naseaux ardents, le corps agité d'un frémissement convulsif, entraîné par un indomptable effroi.

L'amazone poussa un cri terrible, un indicible cri d'angoisse qui domina, de sa note aiguë, le rugissement sourd de la rivière et du torrent, et, se cramponnant désespérée, à la crinière de l'étalon, elle se laissa emporter, comme Mazeppa, à travers les ténèbres qui enveloppaient ce chaos de rochers, de gouffres et de précipices.

V

L'OFFICIER DE SPAHIS.

Quelques heures auparavant encore, car nous nous apercevons que nous avons pris notre récit au rebours, et que nous eussions fort bien pu commencer par ce chapitre, quelques heures auparavant, disons-nous, un homme de vingt-huit à trente ans, au front bronzé par le soleil du midi, enveloppé d'un burnous blanc, à travers les plis duquel étincelaient les broderies d'un uniforme, descendit de la voiture publique qui faisait un service de traverse, passait à une lieue au sud du trou de Satan, débouchant d'une gorge qui scindait la vallée et franchissait la Nièvre sur un pont en fil de fer.

En homme qui connaît le pays, il prit sans hésiter le petit chemin conduisant à Nogaret, et s'éleva graduellement au-dessus de la rivière, jusqu'à la hauteur de la maison blanche.

Que ce fut illusion ou préoccupation, quand il n'eût plus que cent pas à faire pour l'atteindre, il voulut courir, comme si des bras allaient s'ouvrir et le recevoir; mais il demeura cloué au sol par une émotion poignante et son brun visage blanchit sous une pâleur fébrile.

Se maîtrisant néanmoins, il reprit sa marche lentement et le front baissé.

Arrivé à la porte, il s'arrêta de nouveau, considéra cette façade close, cette porte fermée, ce jardin désert... puis à cette douloureuse préoccupation succéda une sorte d'étonnement à la vue des pigeons roucoulant sur le toit et des plates-bandes du jardin, soigneusement cultivées.

— Qui donc habite ici? se demanda-t-il avec une sorte d'inquiétude.

Et il heurta à la porte. Nul ne répondit.

Alors se souvenant d'une coutume d'autrefois, il chercha sous la pierre, trouva la clef et la mit dans la serrure.

Mais là il s'arrêta encore et posa la main sur sa poitrine oppressée.

— Allons, cœur de femme, murmura-t-il d'une voix qui tremblait, allons.

Il ouvrit et entra dans le vestibule.

Sur ce vestibule, meublé de quelques chaises et d'une table, ouvraient deux portes, les clefs étaient dessus.

Il alla à celle de droite, puis recula brusquement.

— Non, dit-il, je n'ai pas encore assez de courage.

Et il se dirigea vers l'autre, l'ouvrit et pénétra dans un petit salon simplement meublé.

Deux grandes jardinières, pleines de fleurs nouvelles, garnissaient l'embrâsure des fenêtres qu'il ouvrit, chaises et bahuts étaient fraîchement époussetés, un feu tout bâti dans l'âtre, attendait l'étincelle première.

— Il y a donc une fée ici ? s'écria le soldat.

La fée ne se montra point.

Le jeune homme prit une allumette sur le tablier de marbre et la jeta tout enflammée à la poignée de bruyère placée sous le gros bois, il s'assit ensuite, approcha ses jambes engourdies par l'humidité du brouillard, des bûches qui pétillaient, et il demeura une heure la tête dans ses mains, rêvant avec tristesse.

Au bout de ce temps il parut faire un violent effort moral sur lui-même, sortit du salon et retourna à la porte voisine.

Là encore il s'arrêta, détourna la tête et gravit l'escalier en coquille conduisant à l'unique étage de la petite maison.

Il visita rapidement deux pièces contiguës, puis une troisième où pendaient encore au chevet d'un lit, un fusil de chasse, une carnassière et un portrait de jeune homme, une tête mutine et rieuse de seize ans, avec de longs cheveux châtains, encadrant un blanc visage aux lèvres roses et à l'œil bleu.

Alors, comme s'il eût eu besoin de graduer tous ses souvenirs, il redescendit, mit une troisième fois la main sur cette clef qu'il n'avait osé tourner, et entra résolûment.

C'était une toute petite chambre, avec une couronne d'immortelles sur la courtine blanche du lit et de vieux rideaux de serge verte.

Au chevet étaient suspendus un sabre, une épaulette d'or et un casque de cuirassier.

Le jeune homme s'agenouilla, baisa l'oreiller, le sabre, l'épaulette, toutes ces reliques, et murmura d'une voix brisée ?

— Pauvre père !

Deux grosses larmes longtemps contenues roulèrent sur sa rude et brune face de soldat. Il pleura le brave et loyal africain, lui qui avait oublié comment on pleure, pendant dix années de guerre, de soif et d'énervantes fatigues.

Puis, cette première douleur calmée, un nom, un nom de femme effleura ses lèvres... mais ce nom fut prononcé si bas, qu'à deux pas nul ne l'eût entendu.

Le capitaine, car c'était bel et bien un capitaine de spahis, quitta la chambre de son père et retourna au salon.

— Mais qui donc, se demanda-t-il encore, prend soin ainsi de la maison de mon père ?

Quelle main de fée ou de femme a placé là ces belles fleurs ?

Et ce nom qui avait déjà glissé sur ses lèvres y revint.

Mais il secoua tristement la tête.

— Non, dit-il, M. de Flars avait chassé mon père, son bon, son vieil ami... sa fille ne vient donc pas sous le toit de celui que son père a expulsé.

Carmen, murmura-t-il alors, vous, mon rêve d'enfant, vous, mon espoir de jeune homme, quel abîme il y a maintenant entre nous!

Et comme s'il eût voulu chasser un monde de souvenirs, il reprit son burnous, se leva, sortit et ferma la porte, se disant :

— Allons à Nogaret; là, j'aurai le mot de l'énigme.

Arrivé au dehors, le capitaine s'aperçut que le brouillard avait augmenté d'intensité et que le ciel allait crever en cataractes. Mais il connaissait trop bien le chemin pour avoir seulement la pensée qu'il pouvait faire un faux pas et rouler dans la Nièvre.

Il cheminait donc rapidement au milieu des brumes opaques, et il était à peine à quelques mètres de la crevasse de Satan, quand ce cri terrible qu'avait poussé la jeune amazone, perçant les ténèbres et dominant le bruit du gouffre, arriva jusqu'à lui, le frappant de cette terreur poignante qui envahit les plus braves lorsqu'ils devinent le péril des autres.

Presque en même temps un second éclair, plus fulgurant que le premier, lui montra à cent pas, ce cheval blanc emportant une forme noire, et se précipitant tête baissée à une mort certaine.

Une exclamation non moins stridente que celle qu'il venait d'entendre, lui échappa, il s'élança d'un bond sur la lèvre béante du gouffre et cria :

— Arrêtez ! Arrêtez !

Mais le cheval affolé poursuivit son vol, et le capitaine, fasciné, ferma involontairement les yeux.

Le cheval, lancé à fond de train, devina le gouffre ; mais il était trop tard ; et, ne pouvant maîtriser son élan et tourner l'abîme, il le franchit.

Malheureusement, les pieds de devant atteignirent seuls le bord opposé, tandis que les autres frappaient le vide.

C'en était fait, amazone et cheval roulaient et se broyaient au fond de la crevasse, si deux mains de fer étreignant en même temps la bride et la crinière, n'eussent retenu, suspendu au-dessus du torrent, l'étalon dont les sabots se cramponnaient inutilement au roc lisse et glissant.

Tous deux se balancèrent une seconde sur le vide, puis une force surhumaine les enleva et les rejeta l'un et l'autre, à deux pas de la crevasse qui avait failli les engloutir.

L'amazone était évanouie, mais ses mains crispées n'avaient point lâché la crinière.

Le capitaine chancela un moment, à son

tour, à demi-brisé par l'effort herculéen qu'il venait de faire ; mais c'était un homme pétri d'airain et d'acier, et il se redressa d'un jet.

Alors, malgré l'obscurité, il put se convaincre, en touchant ses vêtements, du sexe de la victime qu'il venait d'arracher à la mort, et, la maintenant sur le cheval qui tremblait de tous ses membres, saisit la bride et reprit le chemin de la maison.

Vingt minutes après, ce rude soldat, cet homme de bronze, poussait un cri de douleur et de joie, et se laissait tomber défaillant au bord du lit sur lequel il avait déposé la femme évanouie.

Car dans cette femme qu'il examinait à la lueur d'une bougie, dans cette femme aux cheveux blond cendré, au large front blanc un peu sévère, à la taille de vierge, il avait reconnu Carmen.

Carmen qu'il n'avait pas vue depuis douze ans, Carmen laissée enfant ; et qu'il retrouvait une belle jeune fille.

C'étaient bien les mêmes traits, le même visage. L'enfant était devenue femme, mais la femme ressemblait à l'enfant.

L'évanouissement de mademoiselle de Flars fut court. Quand elle rouvrit les yeux elle vit devant elle une tête de soldat, brune, caractérisée, ombragée d'une forêt de cheveux noirs et de moustaches de même nuance.

Cette tête, penchée sur elle, la considérait avec une joie naïve.

Comme lui, elle devina l'enfant sous le masque de l'homme, et, nature naïve, confiante, pudiquement passionnée, elle se jeta au cou du capitaine, s'écriant avec une joie impossible à rendre :

— Victor ! Victor ! c'est toi.

— Oui, Carmen, répondit-il en s'agenouillant et prenant ses mains effilées et blanches, c'est moi.

— Mon Dieu ! fit-elle avec une joie enfantine, je le sentais bien, là, tout à l'heure, cette fumée.

Elle mit la main sur son front.

— Mais continua-t-elle, que s'est-il donc passé ? ce gouffre... ce cheval...

— Carmen, Dieu a permis que je fusse-là pour vous sauver.

Il raconta brièvement, simplement, sans emphase aucune, ce qu'il avait fait. Et elle l'écouta, le considérant avec un naïf orgueil, et tous deux, les mains dans les mains, aussitôt se prirent à causer de leur enfance, se rappelant mille riens charmants, parlant d'amour sans le vouloir, oubliant que de longs jours s'étaient écoulés, et qu'ils n'avaient plus onze et seize ans.

Cependant Carmen s'en souvint la première, se leva toute rougissante, et dégageant ses mains de celles du capitaine, elle alla s'asseoir à l'autre extrémité du salon.

Cette simple action rappela ce dernier à lui-même. Son front s'assombrit, et il dit à Carmen.

— Pardonnez-moi, mademoiselle, cette familiarité avec laquelle j'ai osé vous parler. J'ai oublié un moment, et l'abîme qui nous sépare aujourd'hui, et les années évanouies. Que voulez-vous ? il fut un temps où nous courions ensemble sous les marronniers de Nogaret, dans les prés qui bordent la Nièvre, un temps où nous nous tutoyions, où nous étions deux enfants.

Pendant dix années, je vous ai aimée de cet amour naïf, virginal, enfantin, qui succède à l'amitié, en Afrique, sous le ciel brûlant du désert, à l'école, sous les ombrages de Saint-Cyr, partout votre image m'a suivi, entourée d'une auréole et me souriant comme l'étoile polaire sourit au marin. Pendant des années, mademoiselle, une phrase de mon vieux père est demeurée gravée dans mon souvenir. C'était le jour où je partis pour l'école militaire ; je pleurais à chaudes larmes, car je vous quittais, mon père vit mes larmes, et me dit :

— Ecoute, mon fils, sois officier, attrape, au milieu d'une grêle de balles, un petit bout de ruban, dam ! si la petite te veut, il faudra bien que le colonel te la donne. Je ne suis qu'un pauvre ouvrier, et il est mon patron ; mais bast ! j'étais sous-lieutenant, et un officier en vaut un autre. Mais, continua le capitaine d'une voix sourde, mon père se trompait, car le vôtre l'a chassé.

— Non, s'écria vivement Carmen, non, monsieur Victor ce n'est pas lui.

— Et qui donc, alors ? fit le jeune homme en secouant la tête, qui donc a le droit de chasser un homme qui mange le pain des Flars, si ce n'est Flars lui-même ?

Carmen étouffa un soupir.

— Victor, dit-elle, mon père n'est plus qu'un vieillard infirme ; il est devenu muet à la suite d'une paralysie ; et, depuis que sa voix ne retentit plus, le colonel de Flars, le rude forgeron, n'est plus le maître.

— Mais qui donc alors ? est-ce votre frère ?

est-ce celui que j'ai retiré un jour de la Nièvre où il se noyait, est-ce lui qui a chassé mon père ?

Il y avait une sourde exaspération dans la voix de ce fils qui demandait compte du trépas de son père, mort de douleur.

— Mon frère n'est plus le maître, lui aussi, reprit Carmen, mon frère est marié.

— Ah! fit Victor, je commence à comprendre.

— Mon frère est une bonne et loyale nature, mais il s'est fait l'esclave de sa femme.

— Et... c'est... sa femme...?

— Non, mais elle a introduit un parent à elle, à la forge. Mon frère s'est livré à lui avec une aveugle confiance, et lui a abandonné la haute main sur tout.

— Et c'est lui, n'est-ce pas? Oh! dites-moi son nom, puisque ce n'est pas un Flars, je pourrai me venger.

— Ecoutez-moi, Victor, dit Carmen, votre père est mort entouré de mes soins et de ceux de Jacques Nicou. Rien ne lui a manqué durant sa maladie, j'ai reçu son dernier soupir. Vous voulez venger votre père, Victor; vous en avez le droit, et je n'ai pas celui de vous en empêcher; mais me refuserez-vous d'attendre ?

— Attendre, et pourquoi?

— M. de Lestang, c'est son nom, va souvent à Paris, attendez donc qu'il ne soit plus sous le toit de mon père pour lui demander compte de la mort du vôtre.

— Soit, fit Victor résigné.

— Victor, continua la jeune fille, savez-vous que la vengeance est un crime?

— Carmen, dit le capitaine avec une explosion de douleur, croyez-vous que l'on pardonne, quand on ne retrouve qu'une tombe. J'avais deux amours, mon père et vous. Cet homme les a brisés tous deux.

Carmen se tut un moment, puis, se levant avec vivacité :

— Il est tard, dit-elle, il faut que je rentre; mon père m'attend.

— Votre père vous attend, vous, Carmen, mais moi que nul n'attend... moi.

Il n'acheva pas, un regard de Carmen lui ferma la bouche.

— Victor, dit-elle, je vous aime.

— Oh! fit-il, sera-ce possible, maintenant?

— Attendez.

Elle glissa comme une ombre devant le capitaine, qui n'osa la presser sur son cœur.

L'orage avait dissipé le brouillard et remontait vers le nord, bien que la pluie continuât à tomber; mais Victor n'en accompagna pas moins Carmen, la couvrant de son burnous, et il ne la quitta qu'à la grille du parc.

— Viendrez-vous au château? dit-elle en lui abandonnant sa main, qu'il effleura d'un baiser.

— Non, dit-il; car si je voyais cet homme, je le tuerais. Mais vous, Carmen, vous reverrai-je?

— Oui, demain, je vous enverrai Jacques Nicou.

Voilà pourquoi mademoiselle de Flars était si pâle et arrivait si tard.

VI

MASQUES ET VISAGES.

C'était un tableau digne du pinceau d'un maître, que cette longue table, environnée de quarante convives si dissemblables entre eux.

Au bas bout se tenaient les ouvriers de la forge, qui n'avaient pas de famille au village, et, par conséquent, mangeaient et couchaient au château.

Leurs noires figures tranchaient avec les visages hâlés des bouviers placés un peu plus haut.

Puis entre eux et les maîtres, qui occupaient le haut bout, ce qu'on nommait les serviteurs, c'est-à-dire le père Jean qui était concierge au château, la vieille Jeannon, la cuisinière, Jérôme le cocher, Prudence, la femme de chambre de madame de Flars.

Enfin, les maîtres eux-mêmes.

Le vieux Flars au milieu, ayant sa fille à sa droite et son fils à sa gauche, en face madame de Flars ayant à sa droite le marquis, Jacques Nicou à sa gauche.

Jacques Nicou était au-dessus des autres serviteurs, attendu que, sous l'Empire, il était maréchal-des-logis-chef dans le 12e cuirassiers et chevalier de la Légion-d'Honneur.

Parmi les forgerons, au reste, il y en avait bien quatre ou cinq anciens soldats et décorés.

Cet ensemble ne manquait nullement de caractère, surtout si l'on prenait garde à ces deux femmes, belles de beautés différentes, placées au milieu de ces rudes et sévères visages, comme des fleurs parmi des buissons.

Un seul type peut-être manquait de cachet et faisait tache : celui du marquis, mis avec une recherche féminine, la lèvre impertinente, et contrastant, dans toute sa tournure, avec la tenue sévère du vieux Flars et le sans-gêne campagnard de Francis.

Carmen s'était donc placée à côté de son frère, gardant une réserve silencieuse, lorsque Francis lui demanda d'où elle venait :

Cette question l'embarrassa ; mais comme elle ne savait pas mentir, elle répondit :

— De la maison du pauvre Antoine.

— Tiens, dit Francis, il paraît que le petit Victor est devenu officier en Afrique ?

Cette observation demeura sans réponse.

Madame de Flars et le marquis, qui avaient chassé le père, étaient là, et des trois personnes qui, seules, eussent le droit de demander des nouvelles du fils, l'une était sourde, l'autre muette, et la troisième savait parfaitement ce que Francis semblait annoncer.

Seulement, parmi les forgerons et les serviteurs, courut comme un frisson de plaisir, et la vieille Jeannon grommela entre ses dents :

— S'il pouvait revenir, le gars.

En même temps, l'œil unique du vieillard s'illuminait d'un rayon de joie.

Le repas fut silencieux, et les maîtres, selon l'usage, se retirèrent des premiers.

Francis donna la main à sa sœur, Jacques Nicou son bras au vieillard, le marquis et madame de Flars fermèrent la marche.

Madame de Flars était émue encore, mais il

y avait une sorte d'âcre volupté dans son regard, et le remords, une fois encore, s'en allait au souffle de l'amour.

— Ce soir, n'est-ce pas? murmura-t-il tout bas.

Elle hésita une minute, une minute encore le remords essaya de lutter, mais il était toujours vaincu depuis si longtemps.

Le marquis la conduisit à sa place auprès de la table à ouvrage, puis s'approcha négligemment de Carmen.

Carmen le reçut avec une dignité froide et polie.

— Monsieur, lui dit-elle à mi-voix, il faut que je vous parle.

— Quand cela, mademoiselle?

— Demain après déjeuner vous m'offrirez votre bras pour un tour de parc.

Le marquis s'inclina à demi, et lorsqu'il releva la tête, il rencontra l'œil de madame de Flars qui était fixé sur eux et brillait d'une flamme sombre.

Il s'approcha d'elle aussitôt.

— Vous êtes jalouse de votre ombre, lui souffla-t-il à l'oreille.

— Eh bien! Flars, continua-t-il s'adressant à Francis, qui feuilletait une brochure politique ne prenant nulle garde au manége du marquis. Voulez-vous que nous causions de notre affaire.

— Je le veux bien, répondit bruyamment l'honnête député, jetant un regard satisfait et plein de bonheur à sa femme qui avait repris son ouvrage.

— Je vous dirai donc, poursuivit le marquis, que j'ai trouvé un excellent placement pour les cent mille francs de bénéfice que nous avons réalisés cette année.

— Oh! fit béatement Francis.

— Mon Dieu! oui, reprit-il avec calme, je vous ai fait actionnaire d'une ligne de chemin de fer.

— Laquelle?

— Tours à Nantes. Notre capital peut doubler en cinq ans. Voici vos titres.

Le marquis ouvrit un portefeuille et voulut en tirer une liasse de papiers.

— Gardez, dit Francis, vous mettrez cela dans la caisse et vous le porterez en compte au grand livre.

M. de Lestang remit le tout dans son portefeuille et dit négligemment :

— Comme il vous plaira.

Pendant ce temps, Carmen s'était assise entre

son père et Jacques Nicou, leur souriant à tous deux et serrant leur main ridée, tandis que Love frottait langoureusement sa tête sur ses genoux.

Cette jeune fille au milieu de ces deux vieillards, cette femme les yeux baissés sur une broderie, ces deux hommes causant gravement d'affaires, tout cela, à première vue, avait un aspect calme, uniforme, patriarchal. Et cependant dans ce même salon, parmi ces mêmes personnages, sous cette apparente tranquillité, couvaient avant de bouillonner et d'éclater, les germes d'un drame lugubre.

Déjà dans chaque poitrine, au fond de chaque cœur, commençait à sourdre le premier élément, à briller la première étincelle d'une passion qu'un choc pouvait grandir et convertir en lave embrasée.

La lutte continuait chez madame de Flars entre la raison, l'honneur et l'amour, l'amour commençait à triompher.

Cette colère qui naît de l'impuissance à se débarrasser des gens qui leur semblent nuisibles, colère naturelle et fréquente chez les vieillards, agitait sourdement le vieux Flars et Jacques Nicou.

Peut-être même sous la robuste poitrine de ce

dernier, il y avait un cœur endolori ; peut-être un souvenir poignant, une de ces grandes douleurs qui tuent l'esprit, quand le corps est vivace encore, avait-il brisé la vieillesse de cet homme sourd qui ne parlait jamais, tant il avait l'habitude de comprendre son maître sur un seul regard.

Et Carmen ! Les émotions diverses de la soirée, quelque secret fatal que peut-être elle avait surpris, n'était-ce point là un formel démenti à son calme apparent.

Puis encore, cet homme aux manières doucereuses, à l'air riant, aux lèvres amincies, cet homme qui s'inclinait très-bas devant tous, alors qu'il était pour ainsi dire le véritable maître; cet homme qui gérait avec omnipotence une usine de deux cents ouvriers, devant qui on tremblait involontairement, n'avait-il pas quelque but ténébreux.

Il n'y avait guère que Francis de Flars, l'homme honnête et confiant, l'aveugle et passionné mari, dont le visage fut en harmonie avec la pensée.

Le marquis était la tête qui pense, Francis le bras qui agit. L'un dirigeait, l'autre exécutait.

Ainsi, pendant les absences fréquentes du premier, lequel allait à Paris faire des placements de fer et de fonte, négocier les valeurs, s'entendre avec le haut commerce, Francis surveillait les opérations de détail et travaillait parfois comme un simple ouvrier.

Par exemple, les hauts-fourneaux fonctionnant la nuit, Francis se rendait à dix heures du soir et ne rentrait qu'à cinq heures du matin.

C'était une habitude tellement invariable chez lui, qu'il eût fallu un événement véritable pour lui faire quitter son poste avant l'heure indiquée.

Le marquis au contraire, ne paraissait que rarement à l'usine, mais il y avait placé un homme qui possédait sa confiance et ses instructions.

Cet homme était le successeur du vieil Antoine.

Disons un mot de l'expulsion de ce dernier.

Le marquis était un homme souple, adroit, insinuant, il possédait à un haut degré l'art d'acquérir une influence indiscutable et non raisonnée sur les esprits faibles. Il avait un empire absolu sur madame de Flars, il domina bientôt complètement Francis.

Francis reconnut sa supériorité intellectuelle,

se livra à lui corps et âme et lui abandonna une partie de la gestion de l'usine.

Epouvanté d'abord des projets hardis et des innovations de ce dernier, il fut obligé de s'incliner devant les résultats, la prospérité de l'usine livra au marquis les derniers arcanes de la confiance de Francis. Le marquis demanda alors une omnipotence absolue et la direction générale. Francis accorda l'une et l'autre.

Habitué à l'autorité paternelle du vieux Flars et de son fils, les forgerons regimbèrent sous la férule de monsieur de Lestang.

Monsieur de Lestang en chassa douze et les remplaça par des ouvriers étrangers.

Cet exemple de sévérité produisit un salutaire effet de terreur : les plus mutins courbèrent le front et rongèrent leur frein.

Seul le vieil Antoine se montra roide et droit. Il était sous-gérant, chargé de la comptabilité générale ; il était moins le subordonné que l'égal et l'ami des Flars; il ne voulut pas s'incliner trop bas devant un homme qui à ses yeux, n'était pas le vrai maître.

D'ailleurs sa rude probité, sa brusque franchise, gênaient sans doute le marquis, car il chercha un prétexte, trouva ses comptes mal tenus, et le congédia.

Francis eut la faiblesse de ratifier son renvoi.

Le vieil Antoine se retira, l'âme navrée dans sa petite maison, où il mourut de douleur quelques mois après, malgré la sollicitude du colonel, qui le força à accepter une pension, et les soins de Carmen, qui fût admirable de dévouement filial pour cet homme qui devait être presque son père.

VII

LE TROU DE SATAN.

Retournons maintenant à là salle à manger, où les forgerons et les serviteurs demeuraient toujours après le départ des maîtres.

La vieille Jeannon en sa qualité de sexagénaire, et par conséquent de plus instruite des choses du temps passé, tenait le dez de la conversation.

— Il *n'empêche*, disait-elle, que voilà de retour ce marquis que Satan confonde ! M'est avis que le guignon de Flars revient.

— Tais-toi, vieille, dit le père Jean, désignant d'un regard oblique les forgerons introduits par le marquis.

— Bah! bah! on peut me chasser, mais on ne me liera point la langue, vieux gars. Je dis ce que je dis : quand la *Parisienne* et son cousin sont entrés ici, le malheur est entré de même.

— Pour çà, allait dire un forgeron, c'est vrai...

Mais la peur ferma prudemment sa bouche.

— Jésus Dieu ! s'écria Jeannon, vous êtes tous des lâches ! mes gars. Parce que ce damné marquis a ensorcelé notre monsieur Francis, et que la Parisienne gouverne sous le toit de Flars, vous êtes tous muets.

— Il est de fait, dit timidement le père Jean que, depuis deux ans tantôt, il est arrivé bien des travers par ici. Le père Antoine est mort, la garcette de Jacques Nicou s'est *affolée*, puis noyée sans qu'on sache pourquoi.

— Je le sais, moi, murmura Jeannon.

Il y eut un murmure d'interrogation dans la salle ; mais Jeannon se tut et essuya une larme qui roula sur sa joue parcheminée.

— Sans compter mamz'elle Carmen, qu'est triste que ça vous fait écœure... Dans un temps elle sautait et courait par les bois comme un *cabri*, mais à présent elle parle à peine.

— Quand je vous le dis, reprit Jeannon en

frappant de son poing sur la table, que ces Parisiens ont tout bouleversé ici.

— Allons, la vieille; dit un forgeron, retiens un peu ta langue, ou gare.

— Eh ben! Eh ben! de quoi? Si on me chasse, mamz'elle Carmen aura soin de moi.

— Tu ferais mieux de nous conter l'histoire du *Trou de Satan*.

— Ouais!..... Je vous l'ai dite hier.

— Çà ne fait rien, c'est toujours bon.

— Je veux ben, dit Jeannon; mais ça reviendra à ce que je dis : quand on ouvre sa porte à des étrangers, on perd son âme et son bien.

Et après cette préface épigrammatique, la vieille cuisinière conta, dans son jargon moitié morvandiau, moitié français, l'histoire que nous allons vous traduire à notre manière.

Il faut vous dire qu'au temps où il n'y avait point encore de Parisiens en Nivernais et en Morvan, à la place où est maintenant le *Trou de Satan*, s'élevait un beau château.

Tours épaisses, crénaux solides, herses de fer, meurtrières, machicoulis, rien ne manquait à sa défense.

Un beau parc en faisait le tour; à dix lieues

à la ronde, villages et manoirs environnants étaient ses tributaires.

Or, le châtelain, assez heureux pour avoir un pareil château, se nommait le seigneur Gontran, et, en outre de tous ces biens terrestres, et des cinq cents hommes d'armes qui marchaient sous sa bannière, il possédait encore une femme noble et belle, dont la vertu égalait celle d'une forteresse, et le renom, celui de la ville de Péronne, laquelle est vierge, comme chacun sait.

La châtelaine avait nom Ermengarde.

Tous les barons, tous les comtes du voisinage vainement lui avaient débité fleurette ; la châtelaine, ce qui est fort rare, aimait son mari.

Tous s'étaient retirés marris de leur déconvenue et décidés à se venger sur le mari des dédains de la femme.

Or, tandis que dans l'ombre et le silence ils fomentaient des complots félons, messire Satan, dont Dieu nous préserve, avait juré, de son côté, d'essayer une escarmouche, et il dépêcha à la châtelaine un de ses démons de confiance, nommé *Séduction*.

Séduction commença par s'installer dans le miroir d'acier d'Ermengarde, et, prenant ses traits à elle, lui avoua qu'elle était beaucoup trop belle pour un mari vieux et laid comme le sien.

La châtelaine sourit, n'en voulut rien croire d'abord, mais se répéta la nuit suivante les paroles du diablotin *Séduction*, et finit par y ajouter quelque créance.

Mons *Séduction* passant, du miroir dans le livre d'Heures d'Ermengarde, y déchira une magnifique enluminure représentant la tentation de saint Antoine, et lui substitua une gravure dont nous ne savons au juste le sujet, mais au premier plan de laquelle était un beau cavalier aux armes ciselées, au cimier blanc, qui avait œil noir, moustaches noires, nez d'aigle et lèvres de carmin.

La châtelaine rougissant, ferma le livre, mais comme elle en était au chapitre des aveux, elle convint que la barbe grise et les yeux verdâtres de son mari étaient fort laids auprès du beau chevalier.

Cette confidence mentale la fit rêver toute une autre nuit.

Le troisième jour, le diablotin arracha toutes les pieuses images du livre d'Heures, et les remplaça par d'autres plus profanes, où le beau cavalier figurait de face et de profil.

En même temps il conseilla à un des vassaux du châtelain de se révolter, ce qui fit que messire Gontran partit pour l'aller réduire au devoir et fut absent durant huit jours.

Mais pendant ces huit jours, Satan frappa un grand coup.

Il rappela le diablotin et s'en alla, lui-même, sous les traits du beau chevalier dont la châtelaine rêvait, ne l'ayant vu qu'en peinture, sonna du cor à la herse du manoir, par une soirée froide et sombre et demanda l'hospitalité.

La châtelaine rougit et se troubla en le voyant.

— Noble dame, dit le chevalier, j'arrive de Palestine, j'ai faim, soif et suis las.

— Entrez et soyez ici chez vous, répondit d'une voix émue la vertueuse châtelaine.

Elle l'admit à sa table, lui donna la plus belle chambre du château, et fut probablement si émerveillée de l'esprit et des grandes manières de son hôte, qu'au matin suivant, quand vint l'heure du départ, et que, tout cuirassé et éperonné, il vint fléchir un genou devant elle et baiser sa main, elle lui dit :

— Seigneur chevalier, mon mari ne peut tarder d'arriver, et ce serait un mâle chagrin pour lui de ne point avoir sollicité votre amitié. Restez donc jusqu'à son retour.

Le chevalier resta, et lorsque Gontran revint, il fut enchanté d'avoir un hôte d'aussi grande mine et qui paraissait si vaillant.

Sur ses instances, le chevalier resta huit jours encore ; mais, le huitième écoulé, et comme il allait partir, tandis que la châtelaine, retirée dans son oratoire, fondait en larmes, on vit, dans le lointain un immense tourbillon de poussière, et bientôt une foule innombrable de cavaliers se montra aux alentours du château.

C'était la troupe des amants rebutés d'Ermengarde.

Le seigneur Gontran vit bien, au nombre de ses ennemis, qu'il n'avait plus qu'à préparer une résistance désespérée, et que malgré ses cinq cents hommes d'armes, il serait vaincu.

— Cordieu ! lui dit le chevalier déjà en selle, que donneriez-vous pour repousser ces bandits et devenir leur maître ?

— Ce que je donnerais ? s'écria Gontran furieux : *mon âme !*

— Tope, dit le chevalier en lui tendant la main ; écris là-dessus, mon maître : « Je donne mon âme au chevalier Natas, » et signe.

9.

— Et tu repousseras ces félons ?

— Je demande huit jours et le commandement de tes troupes.

Gontran prit le parchemin, et n'ayant ni plume, ni encre, il s'ouvrit une veine avec son poignard, et de la pointe, traça avec son sang ces deux lignes : « Si le chevalier Natas repousse et taille en pièces mes ennemis, je lui donne mon âme. » Et il signa.

Alors le chevalier mit son doigt sur la veine ouverte et la cicatrisa ; puis sur le front, et le châtelain perdit la mémoire de ce qui venait de se passer.

Le huitième jour, il ne restait aucun vestige de l'armée ennemie, et Gontran suppliait son valeureux hôte de ne le plus quitter.

Peut-être la châtelaine émettait-elle le même vœu.

Or, maître Satan, qui se trouvait bien nourri, bien logé, aimé d'une belle châtelaine, se prit à regarder en pitié son palais infernal, où les sanglots des damnés lui agaçaient horriblement les nerfs.

Et il désira une vie calme et paisible.

Il passa donc près de deux années au castel, partageant son temps entre la chasse et la pêche.

Il ne songeait plus, le pauvre monarque,

à tenter et à induire à mal l'espèce humaine.

Ce qui fit que, durant ces deux années, il y eût une quantité surprenante de maris heureux et de femmes vertueuses.

Malheureusement, celui qui, durant ces deux années, avait payé, aux dépens du sien, le bonheur universel, eut le mauvais goût d'être jaloux, et il essaya d'élever la voix.

Le chevalier Natas se prit à rire, tira un parchemin de sa poche et lui dit :

— Lis.

Le châtelain lut et recula, reconnaissant sa signature.

— Maintenant, dit le diable en tournant le parchemin à l'envers, relis.

Le parchemin était transparent, et au travers, Gontran lut : *Satan !* et poussa un cri d'effroi.

Natas est l'anagramme de Satan.

— Si tu ne t'étais pas avisé d'être jaloux, fit alors le diable, j'aurais bien pu te laisser vivre cent ans, car ta femme a des yeux superbes, et je me plaisais ici, mais tu me rappelles mon devoir d'ange du mal!... Tant pis pour toi, tu m'appartiens et ta femme aussi, je suppose; car il est peu présumable que saint Pierre lui ouvre le Paradis. Suivez-moi donc tous deux.

Et soudain il se fit un terrible bruit qui ébranla la terre et le ciel, et le château s'abîma.

Et, à sa place, les habitants de la vallée ne trouvèrent plus le lendemain qu'une affreuse crevasse au fond de laquelle roulait un torrent impétueux, et ils lui donnèrent le nom de *Trou de Satan*.

VIII

En quittant Carmen, Victor était allé au presbytère de Nogaret, accepter un lit et un souper chez le vieux curé.

Fidèle à sa mission de conciliation, le pasteur avait essayé de calmer ce fils irrité, et il y était parvenu. Victor ne renonçait point encore à sa vengeance, mais il la différait... C'était un pas immense.

Le lendemain, dès le point du jour, il se leva sans bruit, quitta le presbytère et reprit le chemin de sa maison.

Arrivé au *Trou de Satan,* il eut un frémissement de cette peur rétrospective qui envahit les plus braves après le danger..... il se dit qu'une seconde de plus aurait suffi pour qu'il vît la jeune amazone rouler dans le gouffre avec sa monture et broyer son corps délicat aux pointes aiguës des rochers.

Et détournant la tête, il passa rapidement et gagna le pont.

Quand il fut à cent pas de sa maison, il vit une sorte de géant à barbe et cheveux blancs, assis sur les marches du seuil.

Ce géant, il eût peine à le reconnaître, tant ses traits étaient altérés, mais celui-ci vint à lui, posa ses larges mains sur ses épaules et se prit à le dévorer du regard.

Ce regard était une adoration.

Puis un cri de joie sortit de la poitrine du géant, et, touchant du doigt les épaulettes, il s'écria d'une voix formidable, impossible à noter.

— Capitaine! il est capitaine!

— Jacques Nicou! fit à son tour le jeune officier se jetant dans ses bras, mon vieux Jacques!

Il passa la main sur son front, cherchant un souvenir et lui dit :

— Et Follette ?

Mais Jacques désigna son oreille avec la main, et fit signe qu'il était sourd.

Recourant alors aux signes, Victor éleva sa main ouverte à la hauteur de sa ceinture, désignant ainsi un enfant qu'il avait vu et laissé tout petit.

Le vieillard comprit, couvrit son front de ses deux mains, et le capitaine vit une larme jaillir à travers ses doigts énormes, et ruisseler sur sa manche.

Puis il étendit les bras vers la Nièvre, et sa voix stridente répéta.

— Noyée.

Victor l'interrogea de l'œil tristement.

— Je suis sourd, dit le géant, mais je parle. Ecoute, Follette avait dix-sept ans quand un vent de malheur souffla par ici. Elle chantait comme les oisillons, courait joyeuse comme une chèvre, et me faisait la vie bien bonne. Un soir elle ne chanta plus, sa gaieté s'en alla et les larmes vinrent en place. Comme elle pleurait toujours et qu'elle passait de longues heures au bord de l'eau, un soir je la pris dans mes bras, là entre ces deux saules, et je lui dis :

— Je veux savoir pourquoi tu pleures ?

— Parce que je suis mère, dit-elle.

— Alors tu comprends, que comme c'était

mon sang, cette enfant, que sa honte serait ma honte, et que la honte ne pouvait couvrir mes cheveux blancs, je la soulevais au-dessus de l'eau, et je lui dis :

— Dis-moi le nom de celui qui t'a trompée, ou je te noie !

— Noyez-moi, dit-elle, mais vous ne le saurez pas.

Je n'eus pas le courage de tuer mon enfant, je la reposai à terre... Mais au lieu de pleurer, elle se mit à rire, et ce rire me fit si peur, que je m'enfuis.

Depuis ce jour, Follette ne pleura plus, mais elle courait en riant au bord de l'eau, et disait :

— Je m'appelle Follette, et je suis bien nommée, car je suis folle !

Et elle chantait comme autrefois. Seulement, au lieu de me réjouir, ses chansons me faisaient pleurer.

Un jour elle ne chanta plus... elle s'était noyée !

Et le vieillard montra de nouveau la Nièvre d'un air sombre.

— Mais son séducteur ? fit Victor, oubliant que Jacques était sourd.

Jacques comprit cependant et répondit avec un rire terrible :

— Je le connais, et tu sauras son nom quand je l'aurai tué.

Deux éclairs illuminèrent le regard du géant, une sorte de joie féroce contracta sa large figure ; puis éclairs et joie s'éteignirent, et il dit :

— Notre demoiselle t'attend, mon gars ; viens avec moi.

Tous deux reprirent le chemin de Nogaret, dépassèrent le rivage et arrivèrent au carrefour d'un petit bois qui masquait le parc du château.

— En cet endroit, la route était de plein-pied avec la prairie, un ruisseau causeur la bordait, tout couvert de liserons bleus et de nénuphars. Le soleil levant faisait étinceler aux feuilles des arbres les gouttelettes de rosée ; un murmure de confuse ivresse montait de la terre au ciel ; au flanc des collines commençait à tinter la clochette des troupeaux ; plus loin, le sifflottement sourd de l'usine mêlait sa voix grave à ces mille voix.

Au revers du chemin, sur la mousse humide, Carmen était assise rêveuse.

Et à la voir ainsi avec son vague sourire, ses

cheveux dorés et sa robe d'un bleu pâle, on eût dit un wergiss-mein-nicht, qu'une fée capricieuse s'était plu à métamorphoser en femme.

Carmen et Victor foulèrent l'herbe drue, errèrent sous les coulées de frênes et de marronniers, se laissant aller à cette causerie intime et suave de l'amour quand il chemine la tête au vent et les pieds dans le gazon.

La cloche du château sonnant le déjeuner y mit un terme, et Carmen s'esquiva, laissant Victor plus calme et plus raisonnable encore.

Les hôtes et les convives du colonel de Flars, à son entrée dans la salle à manger, remarquèrent sur le visage de la jeune fille de fraîches et charmantes couleurs ayant fait place à sa pâleur habituelle. Car elle était pâle et triste d'ordinaire depuis deux années. Son père infirme et sombre, son frère n'ayant plus pour elle ces petits soins, ces attentions délicates, cette amitié charmante des frères pour leur jeune sœur, avaient plissé imperceptiblement son front.

Ces soins, ces attentions, cette amitié, Francis les avait pour elle avant son mariage.

Quand elle le vit revenir un jour avec une femme, qu'elle fut témoin de cet amour presque insensé, qu'elle put se convaincre que cette femme régnerait sur son frère et dans la maison de son père où jusqu'alors elle avait commandé, la noble jeune fille s'effaça peu à peu sans plaintes, sans regrets, remettant à madame de Flars la direction intérieure de la maison, et s'isolant de tout pour donner tous ses soins à son vieux père, comme elle froissé, comme elle souffrant en silence.

Le marquis arriva ; peu après, Carmen eut tout deviné, tout compris. Que pouvait-elle faire ?

Se taire ?... n'était-ce pas froisser tout ce qu'il y avait en elle de dignité, d'orgueil, de race et de vertu ?

Parler ?... mais parler c'était tuer Francis, l'honnête, le confiant, déshonorer le nom de Flars !

Carmen eut le courage de se taire ; elle feignit de tout ignorer.

Elle avait deviné la domination féroce de cet homme sur cette femme ; elle comprit qu'il y avait une victime et un bourreau ; elle plaignit l'une et méprisa l'autre.

L'expulsion d'Antoine la fit le haïr.

D'une politesse glaciale, presque ironique, elle semblait lui dire chaque jour et à toute heure :

— Vous êtes un étranger ; je suis ici chez moi ; d'un mot je puis vous chasser, mais je vous méprise et ne le fais point.

Cependant, comme Carmen, ange de paix avant tout, ne redoutait rien tant qu'un événement qui viendrait troubler le calme apparent du château, comme elle s'attendait à voir ce calme détruit si Victor se jetait au milieu de ses habitants et provoquait le marquis, il sera facile de comprendre avec quelle insistance elle l'avait amené à renoncer à ses projets de vengeance.

Pieuse comme sa mère, Carmen avait foi en la justice de Dieu, et elle espérait que Dieu, veillant sur ceux qu'elle aimait, la rapprocherait de Victor naturellement et sans secousses.

Elle savait que Francis avait déploré, sans oser la blâmer ouvertement, l'expulsion du vieil Antoine ; elle ne connaissait à madame de Flars aucun motif d'aversion pour un homme jeune, plein d'avenir, et dont le grade était une illustration : le marquis seul pouvait être un obstacle à la présentation de Victor au château. Il ne fallait rien moins qu'une pareille considération, pour amener Carmen à lui demander un entretien.

Or, après le déjeuner, comme le temps était

fort beau, Francis proposa une promenade en calèche dans les environs.

Le vieux Flars, Jacques Nicou, Francis et sa femme prirent place dans la calèche. Francis conduisait.

Carmen et le marquis montèrent à cheval.

On partit.

Carmen piqua en avant, le marquis la suivit, et elle se trouva plus à l'aise pour la nature de conversation qu'elle allait avoir avec lui, à cheval, que si elle eût été à son bras dans les allées silencieuses du parc.

— Monsieur, lui dit-elle froidement, je crois parler à un galant homme.

Le marquis s'inclina ; elle poursuivit :

— Je ne veux ni apprécier, ni discuter les raisons qui vous ont fait remercier M. Antoine. Il était l'ami de mon père, et mon père a souffert de cette expulsion.

— Mademoiselle, répondit le marquis avec aigreur, je gère les affaires de M. de Flars et non les miennes. Croyez donc que mon intérêt personnel n'a été pour rien dans une mesure.

— Je veux le croire, monsieur ; aussi n'est-ce ni un blâme, ni une récrimination que je prétends vous adresser en vous rappelant cette circonstance. Voici où j'en veux venir : Antoine avait un fils.

— Ah! oui, je crois en avoir entendu parler.

— Un fils, monsieur, qui est capitaine de spahis, l'égal de qui que ce soit. Ce fils est ici depuis hier.

Le marquis pâlit imperceptiblement.

— A tort ou à raison, il vous impute la cause première de la mort prématurée de son père. Vous sentez que s'il vous provoquait...

— Mon Dieu! mademoiselle, je me bats, à l'occasion.

— Je ne mets nullement votre courage en doute; mais vous comprenez tout ce qu'un duel entre vous aurait de pénible pour mon père et même pour Francis.

— Eh bien! qu'exigez-vous de moi, mademoiselle? que je n'aille point chercher querelle à M. Antoine fils? Je n'en ai jamais eu la moindre envie... Mais, s'il me provoquait... vous comprenez...

— Il ne vous provoquera pas, monsieur. Mais ce que je viens vous demander, c'est que vous gardiez une réserve absolue à son égard. Il est aimé de tout le monde au château. Une parole mauvaise qui vous échapperait lui reviendrait peu après. Il ne viendra point chez mon père ; de votre côté, évitez de diriger vos courses à cheval vers sa maison.

— Si c'est là tout ce que vous exigez, je vous le promets sur l'honneur, mademoiselle.

— Merci, monsieur, dit Carmen.

Et ils se rapprochèrent de la calèche.

Carmen avait écarté pour un moment le nuage qui planait sur la tranquillité générale ; malheureusement, un nouveau personnage devait surgir qui changerait ce calme en orage, jouant innocemment le rôle de l'étincelle tombée sur un baril de poudre.

Et l'heure était proche, la mine souterraine creusée autour du château, et sur laquelle ses hôtes reposaient insoucieux, allait éclater... L'étincelle arrivait !

IX

L'ÉTINCELLE.

Le surlendemain de son arrivée à Nogaret, Victor, un peu calmé des émotions diverses qu'il avait éprouvées coup sur coup, se souvint que sa malle était restée à Nevers, et qu'en outre dans cette ville il avait un vieil ami de son père auquel il devait une visite.

Il se mit donc en route pour Nevers. Deux jours après, son vieil ami embrassé, et sa malle chargée sur une patache, Victor fumait son cigare sur la place où s'arrêtent les messageries de Paris, attendant que la patache s'ébranlât, quand arriva la malle d'Orléans. Un jeune homme de vingt-huit à trente ans, en costume de voyageur, dégringola lestement de la banquette, regarda autour de lui pour s'orienter sur l'existence d'un café ou d'un restaurant quelconque, aperçut Victor, poussa un cri et courut à lui :

— Parbleu ! dit-il, c'est toi où je me trompe fort.

— Qui toi ? fit le capitaine étonné.

— Eh ! Victor Antoine, n'est-ce pas ?

— Sans doute ; mais à qui ?..

— Cordieu ! mon cher, je n'arrive point d'Afrique moi, et je dois être par conséquent moins changé que toi. Tu ne reconnais donc pas ton ami Chrétien ?

— Chrétien !

— Eh ! sans doute.

— Mon vieux camarade de Saint-Cyr ?

— Justement.

Victor sauta au col du voyageur.

— Où vas-tu ? lui dit-il.

— Si tu veux bien me le dire, tu m'obligeras.

— Comment donc !

— Que veux-tu ? je m'ennuyais... je suis monté en voiture sans rien dire à personne, et je suis parti. Où allais-je ? je n'en savais rien. Où suis-je ? on vient de me le dire, à Nevers ; j'ai envie d'y rester. Ce pays me plaît; il est vert de couleur et candide d'aspect... Tiens! je suis décidé... Hé! conducteur! faites décharger mon bagage, je m'arrête ici.

— Non pas, dit Victor.

— Comment! non pas?

— Laisse-moi faire.

Et Victor fit charger la malle de son ami sur la patache de Nogaret.

— Ah çà mais! voulut dire celui-ci.

— Tais-toi! je t'emmène.

— Mais où?

— Chez moi!

— En Afrique?

— Non, dans la maison de mon père, à trois lieues de Nevers.

— A merveille! cela me va.

Et sans plus de cérémonies, le voyageur parisien monta dans la patache; et quatre heures après les deux amis étaient installés dans la petite maison blanche où le dîner les attendait.

— Ah çà, dit Victor, maintenant que nous voilà seuls, car on n'est jamais seul en diligence; causons.

— Soit. Causons.

— Qu'es-tu devenu depuis dix ans que nous

ne nous sommes vus ? Ne t'ai-je point laissé *fruit-sec* en quittant l'école ?

— Parbleu !

— Et t'es-tu résigné à une troisième année.

— Ma foi non ! j'avais vingt mille livres de rentes et un vieil oncle qui en possédait autant.

— Ah !

— J'ai mangé mes rentes d'abord, j'ai enterré mon oncle ensuite, et j'ai dévoré les siennes enfin.

— En sorte que maintenant te voilà...

Et Victor s'arrêta, cherchant une expression polie qui signifiât : « Te voilà ruiné. »

— Maintenant, dit le touriste d'un air insouciant, parfaitement affecté, je me fais un revenu annuel de trente à quarante mille francs.

— Et à quoi s'il te plaît !

— Au théâtre, mon cher : je suis auteur dramatique, comique, tragique, tout ce que tu voudras,

— Mon cher ami, dit Victor, tu m'excuseras ; mais en Afrique d'où je reviens nous sommes si peu au courant des nouvelles littéraires, que je n'ai jamais entendu parler de toi.

— Allons donc ! pas possible.

— Parole !

— Tiens ! s'écria Chrétien, suis-je bête ! j'oubliais de te dire que j'avais adopté un pseudonyme mon cher ; ce nom de Chrétien est trop vulgaire, mon nom de famille est bourgeois; j'ai arrangé le premier et changé le second, je m'appelle le dramaturge Christian Anitowski.

— Parbleu ! s'écria Victor, j'ai vu quelque part ce nom là ; n'as-tu pas écrit un drame intitulé : *Jacob le pestiféré ?*

— Sans doute.

— Eh bien ! nos zéphirs de Constantine nous en ont donné une représentation en plaine.

— Hein ? qu'en dis-tu ?

— Psch ! fit Victor, ce n'est pas absolument mauvais.

— Puriste, va !

Victor tendit souriant, la main à son ami.

— A présent, dit celui-ci, parlons de toi.

Victor conta ses fatigues, ses dix années de guerre, puis son amour... son espoir... que sais-je ?...

Là-dessus, Christian qui avait la sotte prétention de connaître les femmes comme si quelqu'un au monde arrivait jamais à pareil résultat ! lui développa des théories fort belles et parfaitement absurdes.

— Et comment se nomme ta merveille?

— Carmen.

— Carmen quoi?

— Carmen de Flars.

— De Flars? tiens je connaissais un député de ce nom.

— C'est son frère.

— En ce cas, mon cher, si tu as besoin de négociateur, me voilà.

— Nous verrons, dit Victor pensif.

— Mais en attendant, je te préviens d'une chose.

— Laquelle?

— J'irai lui faire une visite dès demain.

— A ton aise.

Le lendemain en effet, Christian se rendit à Nogaret. Francis l'avait rencontré dans deux ou trois salons parisiens; il le présenta à sa femme, à son père et à sa sœur, l'invitant à dîner.

En même temps Christian reconnut M. de Lestang pour l'avoir vu quelques années auparavant au café de Paris, dont ils étaient les habitués l'un et l'autre. La connaissance fut bientôt renouée.

Pendant le dîner, notre poète dramatique dépensa à profusion de cet esprit léger qui court les rues de Paris, est de bon aloi partout, n'a rien de personnel et que les hommes les plus ordinaires, à l'aide d'une mémoire heureuse, ont à leurs services dans l'occasion.

A neuf heures, Christian se retira et fut reconduit par Francis et le marquis jusqu'au bas du grand escalier.

Mais au lieu de s'en aller, notre poète entendit rire et causer dans la salle à manger, et trouva Jeannon contant une fois de plus, à un nombreux et attentif auditoire, la légende du trou de Satan.

X

UN AUTEUR DRAMATIQUE.

Francis fumait honnêtement son cigare dans l'avenue du parc, attendant que le premier coup de dix heures vînt à sonner, pour aller à son travail de chaque nuit, quand il vit venir à lui, sortant du château, son convive Christian.

Comment ce dernier qui avait quitté le salon vers neuf heures, se trouvait-il à près de dix encore dans l'avenue ?

— D'où sortez-vous donc ? lui demanda-t-il, je vous croyais chez Victor.

— Ma foi ! très-cher amphytrion, répondit le poète d'un ton dégagé, en descendant j'ai entendu la voix chevrotante de votre cuisinière pérorant dans la salle à manger, et la curiosité me poussant, je suis entré...

— Ah! fit Francis du ton d'un homme qui se demande sérieusement quel attrait peut avoir pour un homme de lettres, la voix cassée d'une cuisinière.

— Mon Dieu! oui, reprit Christian, et j'ai été largement payé de mon mouvement de curiosité.

— Bah! murmura Francis étonné.

— Sans doute, car j'ai entendu une curieuse légende, je vous jure.

— Ces sornettes vous intéressent donc?

— Comment, mon cher hôte, vous traitez de sornette un drame aussi saisissant? mais c'est du Shakspeare, du Victor Hugo, de l'Alexandre Dumas que cette légende! C'est naturel et poétique, bouffon et terrible, tout à la fois.

— Vous trouvez? murmura le forgeron d'un air parfaitement incrédule.

— Parbleu! Et tenez, j'en veux faire un drame.

— Ah! continua Francis.

— Un drame saisissant, sang-Dieu! seulement vous comprenez que je modifierai les dates, les lieux, les costumes : de nos jours une scène féodale n'aurait pas grand succès ; et puis je ne vois pas trop comment nous pourrions fendre un rocher sur la scène et engloutir un château dans un torrent. Aussi, de l'action toute fantastique, je fais une action réelle, bourgeoise... Au lieu d'un château gothique, une maison de campagne en 1844, en place du châtelain un bon bourgeois, un industriel, un marchand, n'importe ! L'essentiel est que nous ayons des habits de ville...

Mais je vous fatigue, interrompit le poète, ces détails ne peuvent vous intéresser...

— Non, non, continuez, mon cher monsieur Christian, répondit Francis moitié blessé de l'observation qui paraissait le taxer d'incapacité à apprécier une œuvre littéraire, moitié curieux de savoir comment se fabriquait cette œuvre.

— Eh bien ! dit Christian à qui la langue démangeait fort, je vais vous exposer succintement mon plan.

— Faites, dit Francis passant son bras sous le sien et lui offrant un cigare.

Christian alluma le cigare et tous deux se prirent à arpenter l'avenue sur le sable fin de laquelle la lune filtrait ses rayons blancs à travers les feuilles des marronniers.

— Je disais donc, continua le poète, que je plaçais la scène de nos jours ; mœurs bourgeoises, costumes bourgeois... un mari bon et honnête, entre trente et quarante ans, l'âge des maris trompés, une femme adroite, amoureuse, introduisant, sous un prétexte quelconque dans la maison, un beau garçon à l'œil noir, taille élancée, barbe en collier ; fine moustache, coiffure léonine, un homme que Dusautoy habille et qui dîne au café Anglais. Celui-ci s'installe comme le diable s'est installé chez le châtelain, au lieu d'aller comme ce dernier chasser avec son hôte, il parle bourse, commerce, chemins de fer et politique avec le sien ; il devient son ami, son inséparable, son *alter ego*.

Ici l'honnête Francis fit un mouvement d'inquiétude.

— Cela ne vous paraît-il pas *naturel?* demanda le poète en fronçant le sourcil.

— Oui, certes, allez toujours !

— Comme tous les maris, comme le châtelain de votre légende, mon brave homme est aveugle, est amoureux... Il adore sa femme et croit en elle... Vous comprenez ?

— Oui, oui, dit brusquement Francis.

— Alors l'*alter ego*, appelons-le ainsi, frappe un grand coup. Il a pris racine, il est inféodé, il peut agir. Au lieu de commander les troupes de son crédule ami, les bourgeois n'ont pas des armées comme les châtelains d'autrefois, il prend la direction de ses affaires, de sa fortune, fait valoir son argent et tout doucement... le vole ! Ce qui, vous sentez bien, ne trouble nullement la bonne intelligence qui existe entre lui et la femme : la femme ignore tout censément.

Christian s'arrêta pour respirer.

— Allez ! allez ! dit Francis intéressé malgré lui et pris d'une sorte d'impatience fiévreuse.

— Jusqu'ici rien que de vulgaire. C'est l'exposé de mon action, voilà tout... Mais voici que la situation se complique ; le mari a un ami, un imbécile ! cet ami croit de son devoir de le prévenir et de glisser un soupçon dans son esprit.

Or vous savez ce qu'est un soupçon ? Une petite goutte d'acide, grosse à peine comme la tête d'une épingle d'abord et qui tombe sur un corps gras. A peine y est-elle qu'elle s'élargit, grandit peu à peu, puis plus vite et devient un feu dévorant, un supplice atroce, un ver rongeur.

Francis devint si pâle qu'à la pâle clarté de la lune, on eut pu remarquer la teinte blafarde de son visage.

Mais le poète qui s'enthousiasmait à mesure que son récit prenait des proportions dramatiques, continua sans y prendre garde :

— Une fois en proie au soupçon, le mari épie, acquiert une certitude et veut se venger. Là, j'aurai quelque chose d'ingénieux et de délicat qui distancera l'Ambigu, une empreinte de pas... quelque chose de neuf comme preuve criminelle enfin... je chercherai... Le mari trompé s'éveille de sa torpeur, il se transforme... ce n'est pas le réveil du lion... c'est l'agneau devenu lion... Vous sentez le côté dramatique, hein ?

— Oui, murmura Francis d'une voix glacée.

— Ici on s'attend au dénouement de la légende... Pas du tout, je change le dénouement.. L'amant ne présente point comme le diable au châtelain, une quittance de son âme en bonnes formes à l'infortuné mari, il n'engloutit pas sa maison. Non, il fait mieux... il se sauve avec l'argent et la femme.

Francis frissonna.

— Et cela, fit le poète radieux, un quart d'heure avant l'arrivée du mari vengeur. Celui-ci croyant surprendre les coupables enfonce la porte et paraît sur le seuil, menaçant, terrible, un pistolet de chaque main. Tableau!

— Malheureusement la chambre est vide, les coupables fuient sur un railway quelconque et comme on ne rattrape pas un convoi de chemin de fer comme une patache, le mari appuie un des pistolets sur son front. Ce qui fait la moralité de la pièce. Celle-là, sans contredit, sera une des plus vertueuses du boulevard. Deuxième tableau! La toile tombe, et la salle croule sous les applaudissements; l'auteur se sauve à travers les décombres.

— Mon cher hôte, continua Christian en ouvrant la grille du parc à laquelle ils touchaient, et frappant sur l'épaule de Francis, j'ai là un succès de cent représentations... j'enfonce du coup tous les compagnons de la charpente dramatique. Mais en attendant, comme il se fait tard et que la cloche de l'usine vous appelle sans doute, je vous laisse et vous souhaite le bonsoir A demain; je vous viendrai faire ma visite de digestion.

Francis serra machinalement la main de Christian, et tandis que celui-ci s'éloignait en fredonnant, il demeura immobile, glacé, muet, sous le poids d'une oppression terrible...

— Allons ! finit-il par se dire, je suis fou !

Et il reprit le chemin de l'usine, entra dans la forge et assista à la coulée de la fonte.

Mais l'action incandescente des fourneaux et de ce fleuve de feu s'enterrant dans le sable ne put dompter sa pâleur. La sueur qui ne cessa de perler à son front et de mouiller ses tempes se trouva glacée au milieu de cette ardente atmosphère.

Néanmoins la fâcheuse et pénible impression produite sur son esprit, par le sot récit et le drame ridicule de Christian, trouva un puissant adversaire dans un accident imprévu.

Une seconde opération de coulage manqua complètement, la fonte se trouva extravasée et de mauvaise venue, ce qui occasionna un dommage assez considérable pour que la nature de l'industriel reprit le dessus sur celle du mari jaloux.

Lorsque quatre heures sonnèrent, Francis était encore occupé à calculer la perte et à chercher un moyen de l'atténuer.

Aussi rentra-t-il chez lui fort soucieux.

Sur le seuil de l'usine, ces soupçons dont avait parlé si éloquemment son ami l'auteur dramatique, lui revinrent et envahirent son cerveau.

Ce ne fut qu'en tremblant qu'il entra chez sa femme avant de rentrer chez lui.

Madame de Flars dormait d'un sommeil paisible, uniforme... Ce sommeil rasséréna le front de Francis, et Francis, une fois encore, se dit qu'il était fou !

Mais le lendemain, quand il se trouva à l'usine et loin de sa femme et du marquis, ce frissonnement qui, déjà s'était emparé de lui, le reprit et le soupçon, comme l'avait fort bien dit Christian, commença à grandir, grandir... étreignant douloureusement son cœur, à mesure.

Pendant le repas, ses yeux errèrent furtivement du marquis à sa femme, et de sa femme au marquis.

Aucun des deux, tant leur sécurité était grande, n'y fit attention. Les autres convives, depuis le vieux Flars si clairvoyant quoique borgne, jusqu'à Jacques Nicou qui scrutait tous les visages ne s'aperçurent pas davantage de ce muet examen ; Carmen seule surprit un regard de flamme qui jaillit de la prunelle de son frère et un froncement de sourcils qui plissa son front, uni d'ordinaire, au moment où, comme d'habitude, madame de Flars s'appuyait sur le bras du marquis pour quitter la salle à manger.

Elle prit la main de Francis... Cette main était crispée et tremblait.

Carmen se prit à trembler elle aussi.

Jamais elle n'avait osé se demander à elle-même ce qui pourrait arriver, quel drame sanglant ou lugubre se déroulerait si jamais son aveugle frère ouvrait les yeux enfin.

Pour la première fois elle se fit cette question.. et alors il lui sembla voir l'ange livide du déshonneur, qui jusque-là s'était tenu honteusement caché au plus profond des ténèbres, apparaître en plein jour, s'asseoir effrontément au foyer de la famille... la honte rejaillir au loin... Et Francis, l'honnête et bon Francis, Francis, le loyal et le cœur d'or, en qui reposait l'espoir de ce vieillard muet, courbé sous la douleur, Francis broyé, anéanti sous le poids d'une foudroyante révélation, et n'osant, ne voulant pas survivre à son infamie.

Etrange bizarrerie des lois et des préjugés de l'humanité, qui a placé l'honneur du mari dans la conduite de la femme.

Et cependant, que pouvait-elle faire? Comment prévenir l'orage? Pouvait-elle rougir et s'abaisser jusqu'à presser la main de la femme adultère, et lui dire : Francis vous épie ! et, si elle le faisait, n'était-ce point trahir son frère ?

Elle qui avait eu le courage de se taire, aurait-elle celui de parler !

Carmen se retira chez elle presque aussitôt, craignant de révéler son trouble et ayant besoin de réfléchir une nuit avant de prendre un parti.

Mais cette nuit devait voir le commencement de la tempête.

XI

LE SOUPÇON.

Francis se rendit à la forge vers dix heures, tenaillé plus que jamais par ses soupçons, et si pâle, que les forgerons l'interrogèrent du regard en le voyant.

Le danger est moins atroce que la crainte du danger, le doute cent fois plus poignant que la réalité.

M. de Flars avait ignoré, jusqu'à ce jour, ce qu'est la jalousie jointe à l'amour-propre froissé.

Ignorant, crédule, ayant eu foi jusque-là, en la femme qu'il avait élevée à lui, il n'en devait être que plus incapable, le jour où la fatalité lui dessillerait les yeux.

Dire ce qui se passa dans son esprit, quelle torture broya le cerveau et la poitrine de cet homme pendant quatre heures qu'il fut occupé à se rappeler mille circonstances insignifiantes, mille paroles futiles auxquelles le rapprochement donna soudain une effrayante gravité, est chose impossible !

Vingt fois il fut sur le point de quitter l'usine et de courir à l'appartement de sa femme.

Vingt fois la honte et la crainte l'empêchèrent, tant il redoutait une de ces preuves terribles, palpables, écrasantes, devant lesquelles le doute n'est plus permis.

Francis était trop loyal pour savoir mentir. Rentrer avant son heure accoutumée ! il fallait un prétexte. Si les soupçons étaient faux !

Ce prétexte, l'honnête homme ne le trouvait pas !

Cependant vers trois heures, il arriva par extraordinaire, que la coulée se trouva finie, et la tête en feu, hors de lui, n'y tenant plus... il sortit.

Ici besoin nous est de donner quelques détails sur la topographie du château.

Le parc qui l'entourait avait une lieue de circonférence.

On y arrivait au midi par l'avenue, la porte principale, et le perron du maître que nous avons déjà décrits.

Du côté opposé, un long corridor, traversant tout le premier étage, conduisant à une terrasse de laquelle on descendait, au nord, dans le parc dont une partie était convertie en jardin Anglais.

A l'extrémité, existait un petit pavillon, métamorphosé en *retiro* par madame de Flars. C'était un joli salon de lecture et d'étude où elle allait souvent, avec Carmen, passer les chaudes heures de la journée.

Un massif le dérobait, ses murs disparaissaient sous un réseau de lierre d'Irlande, une bande de gazon épais et bien vert en léchait les quatre façades, un coquet mobilier le décorait.

Or, madame de Flars à son arrivée à Nogaret, avait choisi son appartement au premier étage du château. Les portes en ouvraient sur le corridor dont nous parlions tout à l'heure.

Carmen était également logée dans cette partie de la maison, tandis que le marquis et le vieux Flars habitaient le deuxième étage.

En venant du pavillon il fallait, pour entrer au château, à moins d'en faire le tour et pénétrer par la grande porte, gravir le perron en coquille qui conduisait à la terrasse, traverser le corridor dans toute sa longueur et gagner le grand escalier pour monter au deuxième.

Précisément comme Francis arrivait au premier repos de cet escalier, il se trouva face à face avec le marquis, lequel, débouchant par le corridor, marchait sur la pointe du pied.

Si le ciel, descendant tout à coup sur M. de Flars, eût écrasé sa tête et pesé sur ses robustes épaules, il eût moins chancelé, peut-être...

Ces deux hommes, pâles et troublés tous deux d'une rencontre aussi fortuite, se regardèrent une seconde, muets et immobiles, à la lueur du bougeoir de Francis.

Mais tandis qu'une sueur glacée inondait le visage contracté de celui-ci, le marquis, reprenant aussitôt toute son assurance, lui disait négligemment :

— Avez-vous donc fini déjà, Flars.

— Oui, répondit Francis, tremblant de fureur.

— Eh bien ! tâchez de mieux dormir que

moi. J'ai eu une migraine affreuse et je me suis promené trois heures dans le parc. Et tenez, voici que j'ai oublié de fermer la porte de la terrasse.

Une bouflée d'air qui courba la flamme du bougeoir confirma l'assertion du marquis.

Francis considéra de nouveau son interlocuteur nocturne et lui trouva le visage si impassible, si calme, si naturel, que la rougeur lui monta au front.

— Allons, dit-il en passant rapidement, comme un homme qui saisit avidement le motif qu'on lui donne d'une action insolite, et qui craint, en creusant ce motif, de ne le point trouver valable, allez réparer le temps perdu ; bonsoir, marquis.

Francis rentra chez lui plus calme et presque rassuré.

Mais la jalousie ressemble à ce brasier sur lequel vous jetez de l'eau et qui paraît s'éteindre pour se rallumer aussitôt avec une dévorante activité.

Le matin venu, Francis se leva sans bruit et descendit au jardin.

La première chose qui frappa sa vue, fut l'empreinte nette et marquée, sur le sable de l'allée qui conduisait au pavillon, de la botte aristocratiquement effilée du marquis.

Puis à côté de cette empreinte, Flars en remarqua une autre et tressaillit...

C'était celle d'un petit soulier étroit, sans talons, un soulier de femme comme seules en portaient madame de Flars et Carmen,

XII

C'était cependant une ravissante femme que cette madame de Flars.

Fleur délicate, éclose au milieu de la serre parisienne, elle n'avait tant *bouleversé* le château, pour nous servir de l'expression des habitants de Nogaret, que parce qu'elle avait trouvé sauvage et uniforme cette existence nivernaise au sein de laquelle elle était jetée.

Quand on a vécu dans cette vie de Paris, élégante et facile tout à la fois, sans dévergondage et sans préjugés, et qu'on revient en province, c'est-à-dire sur la terre où les promenades, les repas, les occupations ont des heures invariables, où la mode remplace le bon goût, où les habits de noces durent vingt ans, on éprouve un vrai malaise.

Qu'est-ce donc pour celui ou celle qui, né à Paris, ignorant la province, s'y trouve transporté subitement et sans transition possible ?

Figurez-vous donc cette jeune femme quittant peut-être un cinquième étage, mais un cinquième bien chaud, avec des bourrelets aux portes et aux fenêtres, n'ayant peut-être encore qu'une femme de ménage, mais une femme parlant le français et venant à soixante-dix lieues de la Chaussée-d'Antin enterrer ses vingt-six ans, sa nature fougueuse, son esprit délicat, dans un vieux château où le vent pleurait à travers les portes, entre deux vieillards moroses, l'un muet, l'autre sourd, réduite à la société d'un mari que cinq années de la vie parisienne n'avaient pu dépouiller de son enveloppe industrielle et campagnarde, au milieu d'un monde de serviteurs qui la regardaient de travers le jour même de son arrivée, par la seule raison souverainement stupide qu'ils ne la connaissaient pas et qu'elle était étrangère. Figurez-vous-là se disant qu'elle était destinée à vivre toujours dans cette vallée de la Nièvre, et vous comprendrez que ces réformes, ces changements si scandaleux aux yeux des hôtes de Nogaret, avaient dû être l'effet d'un besoin impérieux, bien plus que les conséquences d'un esprit dominateur et porté au mal.

Autant Paris est capricieux, inconstant, prêt à se métamorphoser sans cesse, autant la province a le culte des traditions et désire faire le lendemain ce qu'elle a fait la veille.

Madame de Flars avait sans doute fait fausse route plus d'une fois, mais un juge impartial qui n'aurait eu aucune de ces mauvaises raisons des gens qui regardent le progrès comme une œuvre de distraction, aurait reconnu des améliorations intérieures fort réelles.

Elle avait restauré l'antique mobilier du château; la maison entière, par ses soins, avait pris un air de jeunesse.

Parmi les crimes de lèse-province reprochés à la *Parisienne,* le capital était celui-ci :

Si elle avait laissé aux autres appartements du château leurs décorations centenaires, leurs fauteuils sculptés et leurs portes à deux battants que le vent usait en passant au travers, madame de Flars s'était cru le droit de disposer et décorer le sien comme elle l'entendrait.

Portières, paravents, meubles de laque et de

Boule, chinoiseries; ganaches moelleuses, tableaux de maîtres, tapis épais, riches draperies, tout ce qui est luxueux, commode, élégant, et sans symétrie aucune, décore les boudoirs de nos élégantes, y avait été capricieusement entassé.

Quand on quittait le froid et sévère grand salon pour entrer chez elle, le cœur serré se dilatait... on retrouvait un petit coin de Paris.

En implantant à Nogaret le confortable parisien, madame de Flars avait conservé ses habitudes nonchalantes : elle ne se levait pas avant dix heures et se couchait toujours fort tard.

Elle était donc encore au lit vers neuf heures et dormait profondément le matin de la fatale découverte de Francis, quand on heurta légèrement à sa porte.

— Ma sœur! dit la voix de Carmen, c'est moi.

Madame de Flars passa un peignoir à la hâte et elle alla ouvrir.

— Si matin! fit-elle étonnée.

Carmen était pâle, sérieuse, ce qui fit involontairement tressaillir madame de Flars, qui alla ouvrir ses persiennes, lui indiqua un fauteuil et s'assit elle-même, comme si elle eût compris que la jeune fille lui faisait une visite solennelle.

— Madame, dit Carmen, dont la voix était mal assurée, il faut que le motif qui me guide soit bien grave, pour que j'ose venir vous parler de choses...

— Mon Dieu ! interrompit madame de Flars, avec inquiétude, qu'est-ce donc, ma sœur ?

Et elle essaya un sourire.

Carmen hésita, puis reprit avec effort :

— Il y a dans l'air... un grand malheur... sur mon frère et vous... Non jamais je n'aurai le courage... Mais vous me comprendrez... et je n'hésite plus... Il y a longtemps que mes yeux, mes oreilles, mon cœur ont involontairement surpris...

— Oh ! assez... fit madame de Flars avec un suppliant regard et rougissant aussitôt.

Ce trouble, ce regard produisirent un effet magnétique sur Carmen ; elle se précipita vers sa belle-sœur, lui tendit la main vivement et comme si elle eût voulu lui demander pardon de venir, elle, pure et sans reproches, au lieu de lui parler de sa faute.

Madame de Flars saisit cette main et la serra avec une reconnaissance fébrile, cette sympathie instantanée que les femmes éprouvent les unes pour les autres, aux heures où leur amour est menacé.

— J'ai peur... dit rapidement Carmen... Francis est sombre. Je l'ai observé hier, il vous regardait tous deux... Oh ! madame ! madame, prenez garde... Qu'il parte ! il le faut...

Madame de Flars serra plus fort la main de Carmen, et lui dit d'une voix étranglée.

— Je l'aime tant !... si vous saviez...

Cet accent vibra jusqu'au fond du cœur de Carmen ; mais elle reprit avec l'inflexion de la prière :

— Oh ! je vous plains, madame... mais mon frère, mon pauvre frère qui vous aime, lui qui ne vit que pour vous et par vous... mon frère que vous tuerez s'il sait... N'en aurez-vous pas pitié ? dites ?

Et Carmen s'agenouilla presque et prit les mains de madame de Flars dans ses mains.

— Et mon vieux père ? reprit-elle.

Mais avant que Carmen eût continué, avant que madame de Flars pâle et tremblante, eût pu trouver une parole, on frappa brusquement à la porte.

Par un sentiment de pudeur assez diffcile à expliquer, mais que l'on comprend cependant, Carmen se rejeta vivement au fond d'un tête-à-tête masqué par un paravent.

— Entrez, dit madame de Flars d'une voix mal assurée.

Ce fut Francis qui entra.

Francis était d'une pâleur livide. Son visage d'ordinaire empreint d'une bonhomie insouciante avait une apparence contractée et fébrile, un caractère de résolution terrible, et son œil d'un gris pâle brillait d'une fatale et étrange lueur.

— Mon Dieu! s'écria madame de Flars en tressaillant, qu'avez-vous donc, Francis?

— Rien, madame, répondit-il avec un calme fiévreux qui effrayait, j'ai à vous parler. Voilà tout.

Madame de Flars émue lui désigna un siége.

Francis s'assit et continua :

— Ne vous ai-je point reconnu, dans notre contrat de mariage, une dot de cent mille francs.

— Mais monsieur... voulut dire madame de Flars, interdite de cette brusque question.

Francis lui imposa silence d'un geste impérieux :

— Vous allez prendre une plume, poursuivit-il, et faire votre testament, comme j'ai déjà fait le mien. On ne sait ni qui vit ni qui meurt.

Madame de Flars se prit à trembler, mais elle obéit, car l'honnête et bon Francis s'était transformé en un maître terrible dont on ne discute point les volontés.

Elle prit une feuille de papier, traça quelques lignes presque illisibles, les cacheta et les tendit à son mari.

— Bien, dit Francis. Maintenant écoutez-moi. Vous allez sonner votre femme de chambre, vous lui ordonnerez d'allumer du charbon sous un prétexte quelconque.

— Mais, monsieur, s'écria madame de Flars frissonnante, je ne vous comprends pas.

— Vous allez me comprendre, madame : il y a un article du code pénal qui donne au mari le droit de tuer sa femme et son amant.

Et Francis s'arrêta menaçant.

Jusque-là madame de Flars, se voyant perdue, avait frissonné, tremblé comme une victime qui n'essaye pas même de fuir la mort; mais croyant comprendre aux dernières paroles de Francis, qu'il voulait tuer le marquis, elle retrouva pour le sauver, un calme, une lucidité d'esprit que certainement elle n'eût jamais eus pour elle seule.

Et tandis que, glacée d'épouvante, Carmen se

laissait glisser à terre à demi-évanouie, madame de Flars dit froidement :

— Vous êtes fou... et je ne sais ce que vous voulez dire...

— C'est possible, répondit Francis, mais les hommes de ma trempe, lorsqu'ils s'avisent d'agir, ne s'y reprennent point à deux fois. Vous allez donc faire allumer un réchaud, nous fermerons portes et fenêtres, vous prendrez un livre ou une broderie, moi un journal et nous attendrons la mort.

— La mort! exclama madame de Flars effrayée de nouveau et reperdant son sang froid, mais vous voulez donc mourir ?

— Sans doute, dit Francis simplement. Je vous ai donné un nom honorable, vous l'avez sali ; ma main était celle d'un forgeron, mais ce forgeron était homme d'honneur. Vous avez changé cet honneur en honte; pourquoi voulez-vous que je survive à cette honte ?

Et le mari avait dit cela sans la moindre emphase et aussi naturellement qu'il eût établi un calcul commercial avec un associé.

— Mais enfin, dit madame de Flars avec l'héroïsme du mensonge suggéré par l'amour, puisque j'ai un amant, dites-vous, nommez-le-moi !

— Votre amant, dit Francis avec mépris, je ne le tuerai pas, car il faut que notre mort ait l'air d'un accident; il faut que l'honneur de Flars demeure intact, il faut que mon vieux père descende au cercueil sans rougir, il faut que ma sœur trouve un mari... Maintenant, vous osez me demander des preuves de mon accusation? Ah! vous demandez le nom de votre amant.

— Eh bien! écoutez. Ce matin je suis rentré de l'usine à trois heures, j'ai rencontré le marquis dans le corridor qui conduit ici, il m'a dit venir du jardin.

Madame de Flars sentit la terre se dérober sous elle.

— Je suis descendu au jardin ; l'empreinte de sa botte était nettement accusée sur le sable. A côté il y avait une autre empreinte, celle d'un pied de femme. J'ai suivi ces deux traces à rebours, elles venaient du pavillon... le pavillon était fermé ... j'ai enfoncé la porte... vous aviez mal éteint votre bougie, madame, car la bougie s'était rallumée et brûlait encore...

Madame de Flars se vit perdue. Un nuage passa sur ses yeux, elle chancela.

— Vous voyez donc bien, continua Francis avec une énergie sauvage, qu'il faut que nous mourrions tous deux... Sonnez, madame, sonnez.

Mais tandis que sa femme s'affaissait, brisée et vaincue sur son siége, Francis tressaillit en voyant le paravent s'agiter, et Carmen, froide et blanche comme une statue de marbre, l'œil brillant d'une résolution soudaine, se dresser devant lui.

— Mon frère, dit-elle, madame est innocente, vous vous êtes trompé.

Francis recula. Carmen baissa les yeux, hésita un moment, puis se jeta à son col.

— Je ne veux pas que tu meures, mon Francis, s'écria-t-elle, c'est moi qui était...

— Toi ? fit Francis avec explosion.

— Avec M. de Lestang, répondit Carmen d'une voix ferme, tandis qu'une rougeur subite montait à son front de vierge.

Le dévouement sublime de Carmen, ce dévouement qui allait lui coûter si cher venait de sauver l'honneur et la vie de Francis.

Il faut bien l'avouer, à la honte de notre égoïste nature, cette révélation ne produisit sur Francis qu'une immense révolution de joie.

Il poussa un cri, un seul, mais un cri d'enthousiasme et de bonheur, sans prendre garde à sa sœur qui lui avouait sa honte, sans songer que pour changer de but, le déshonneur n'en pesait pas moins sur sa maison, il se précipita aux genoux de madame de Flars, étourdie et s'écria d'une voix brisée :

— Pardonnez-moi ! pardonnez-moi !

Si Francis eût été de sang-froid, à l'étonnement de sa femme, à l'attitude de Carmen, il eût tout deviné. Mais il était fou en ce moment, et il ne vit rien. On eût dit ce condamné lié déjà sur la bascule fatale, à qui l'on apporte sa grâce.

. . . .

Carmen sortit d'un pas ferme, sans que Francis, que son bonheur écrasait, y prît garde. Elle se rendit à l'usine et fit appeler M. de Lestang.

— Monsieur, lui dit-elle en l'entraînant sous les grands arbres du parc, j'ai vingt-trois ans et deux cent mille francs de dot, voulez-vous m'épouser.

Le marquis recula stupéfait.

— Monsieur, continua Carmen, vous dire que je vous aime serait mentir ; vous dire que mon cœur n'est pas ailleurs serait mentir encore, mais je vous jure, sur l'âme et les cendres de ma mère morte, de porter votre nom le front haut, et d'être une honnête femme toute ma vie.

Cette fois, le marquis, jusque-là muet, put parler et s'écria :

— De grâce, mademoiselle, expliquez-vous ?

— Monsieur, poursuivit Carmen, en baissant les yeux, mon frère a eu des soupçons, presqu'une certitude ; il a trouvé des empreintes de pas dans le jardin, et il est entré chez sa femme pour la tuer... Alors, moi...

Carmen s'arrêta rouge de honte.

— Achevez, mademoiselle, achevez, s'écria le marquis avec impétuosité.

— J'ai fait un mensonge, murmura Carmen, monsieur, épousez-moi.

Un homme de cœur, à cette révélation, fût tombé aux genoux de Carmen et l'eut aimée d'un violent amour ; le marquis n'était qu'un lâche : il se contenta de remercier le hasard qui se chargeait de l'accomplissement de ses tortueux desseins.

Cependant il baisa la main de Carmen, et lui dit :

— Si un pareil mot n'était un blasphème, je vous dirais, mademoiselle, qu'une chaîne de fer me retenait, seule, ailleurs, et que je vous aimais du jour où je vous vis... Cette chaîne se brise, et si, maintenant...

— Monsieur, dit tristement Carmen, on n'aime qu'une fois en sa vie, mais je serai une honnête femme... Allez demander ma main.

Ils reprirent ensemble le chemin du château.

Sur le perron, ils croisèrent Christian, qui avait pris le chemin le plus court et franchi la clôture du parc.

Le poète, boutonné dans son frac noir, jusqu'au menton, avait une allure majestueuse.

— *Bonjour, cher*, dit-il au marquis avec une impertinence protectrice, après s'être incliné devant Carmen.

Le marquis répondit à peine et tous trois montèrent l'escalier.

Là, Christian s'arrêta et dit à un valet :

— Veuillez prévenir M. le colonel de Flars, marquis de Nogaret-sur-Nièvre, que M. Christian, auteur dramatique, et chevalier de la Légion d'Honneur, sollicite de lui une audience.

A ce fatras débité d'un ton d'embassadeur, M. de Lestang qui avait déjà enfilé le corridor, tourna curieusement la tête, mais Carmen l'entraîna aussitôt :

— Venez, monsieur, dit-elle en ouvrant la porte de madame de Flars.

Francis était encore aux genoux de sa femme, qui, confuse et tremblante remercia Carmen du regard.

Le marquis salua, en homme qui ne sait absolument rien, alla droit à Francis et lui dit :

— Mon cher Flars, mademoiselle vient de m'autoriser à vous demander un titre plus cher que celui d'ami et de cousin éloigné : Voulez vous me permettre de la rendre heureuse ?

Francis rappelé à la gravité de la situation, se tourna vers le marquis :

— Monsieur, lui dit-il, votre démarche est celle d'un homme d'honneur ; je l'attendais. Allons trouver mon père. Je puis, ajouta-t-il avec amertume, en se tournant vers Carmen, vous garantir son consentement.

Madame de Flars était pâle et haletante. Cependant elle se contraignit et suivit son mari.

En chemin, elle s'approcha de Carmen, lui serra vivement la main et murmura avec émotion.

— Merci ! oh ! merci !

XIII

L'AMBASSADEUR.

Les événements que nous achevons de raconter s'étaient passés vers neuf heures du matin environ.

M. de Flars le père venait de se lever, et sou-soutenu par Jacques Nicou qui l'habillait d'ordinaire, il avait gagné son grand fauteuil placé au coin de la cheminée.

Jacques savait lire et écrire, il avait donc pris un journal et lisait à haute voix les nouvelles du jour au vieux colonel.

Love s'était allongé à sa place accoutumée entre le maître et le serviteur.

Le valet, prévenu par Christian, entra et s'acquitta de sa mission.

M. de Flars tourna son œil vers la porte et fit signe d'introduire le serviteur.

Jacques suspendit sa lecture.

Christian entra avec la majestueuse roideur d'un homme chargé d'une négociation diplomatique, s'inclina devant M. de Flars, et refusant le siége que lui désignait ce dernier, il lui dit avec emphase :

— Je n'ai pas besoin, monsieur, de décliner mon nom ?

— Inutile, fit le vieillard d'un signe..

— Je viens, poursuivit Christian, au nom de mon ami, M. Victor Antoine, capitaine de spahis et officier de la Légion-d'Honneur.

A ces paroles, à ce titre de capitaine, l'œil du colonel s'illumina.

— Mon ami, continua le poète, m'a chargé de rappeler la promesse que vous fîtes, il y a douze ans à son père, feu M. Antoine, chevalier de la Légion-d'Honneur et officier de cuirassiers retraité. Cette promesse...

Le vieillard fit signe qu'il se la rappelait parfaitement.

— En conséquence, continua Christian, je viens vous demander pour M. Victor Antoine, mon ami, la main de mademoiselle Ermance-Marie-Madeleine-Carmen de Flars de Nogaret-sur-Nièvre.

Ma demande est-elle agréée ?

La tête du vieux Flars allait s'incliner joyeusement de haut en bas, en signe d'adhésion, lorsque la porte s'ouvrit brusquement livrant passage à quatre personnes.

Le marquis et Francis, Carmen et madame de Flars.

Le marquis s'avança non moins gravement que Christian, s'inclina devant le colonel et lui dit :

— Je viens, du consentement de M. Francis de Flars et de madame de Flars, ma cousine, vous demander la main de mademoiselle Carmen de Flars, votre fille.

Un éclair passa dans l'œil unique du vieillard, et tandis qu'il allait répondre négativement, Christian dit vivement au marquis :

— Pardon, monsieur, je venais de faire la même démarche au nom de mon ami, M. Victor Antoine, capitaine au premier régiment de spahis.

— Oui, oui, fit la tête du vieillard.

A cette brusque interruption, Francis eut un mouvement de contrariété, le marquis fronça le sourcil.

Madame de Flars éprouva comme un frisson de joie.

Quant à Carmen, la pauvre enfant qui, se dévouant, n'avait point mesuré la profondeur du sacrifice, elle devint immobile et blanche comme une statue, tandis qu'un nuage passait sur ses yeux.

— Vous me permettrez donc, monsieur, continua imperturbablement le poète, de demander à M. de Flars, qui seul a le droit de décider de l'avenir de sa fille, si mes offres sont ou non acceptées?

Le colonel fit signe qu'il accordait Carmen à Victor.

Le marquis s'inclina, prêt à se retirer; mais Francis lui dit :

— Restez.

Puis s'approchant de son père :

— Voulez-vous m'accorder une minute?

Le vieillard se leva, prit le bras de son fils et passa dans une pièce attenante.

Pendant ce temps, Carmen demeurait chancelante, brisée, et n'ayant presque pas conscience de la douleur qu'elle éprouvait, tant cette douleur était immense.

Quant à madame de Flars, sauvée un moment par le sacrifice de Carmen, elle commençait à mesurer ce sacrifice, et elle se sentait froid au cœur en songeant qu'elle achetait son honneur au prix de son amour. Elle aimait tant Victor.

La pauvre femme s'assit sous le poids d'une émotion terrible.

Le marquis, assez embarrassé, demeura adossé au chambranle de la cheminée; et Christian se promena de long en large avec des airs vainqueurs, que sans doute il empruntait aux héros de ses mélodrames.

Deux êtres seuls revêtirent une expression dramatiquement sinistre parmi tous ces visages indifférents, souffrants ou résignés.

Jacques Nicou qui, à cause de sa surdité, ne comprenait pas mais semblait deviner, et de son coin sombre, dirigeait deux yeux flamboyants sur le marquis.

Love qui, rugissant, alla se placer devant Carmen, comme s'il eut compris qu'un danger la menaçait et qu'elle avait besoin d'un défenseur.

Peu après le père et le fils rentrèrent.

L'indignation étincelait dans l'œil du vieillard.

Il jeta un terrible regard à sa fille, un regard

de mépris à son séducteur présumé, puis alla se rasseoir dans son fauteuil.

Une fois là, son œil se leva lentement vers les portraits enfumés qui décoraient la salle, la pourpre de la honte monta à son visage osseux et ridé, et il sembla alors que ce vieillard qui avait tiré l'épée pour un roi et un empereur, que ce rejeton d'une race qui était allée aux croisades et portait sur ses armes une fleur de lys d'or, demandait humblement pardon à ses nobles aïeux de l'affront qu'avait subi leur sang.

Francis, nature vulgaire, ne comprit pas ce regard sans doute, car il dit au marquis sans aucune émotion :

— Veuillez renouveler votre demande à mon père, monsieur.

Le marquis répéta textuellement sa phrase et ajouta :

— Agréez-vous ma demande, monsieur ?

— Oui, fit la tête du colonel, qui ne regarda pas même le marquis.

— Ah ça! mais, s'écria Christian abasourdi de ce brusque revirement, les femmes épousent donc deux maris ici ?

Et il s'avança de nouveau vers le colonel :

— Monsieur, lui dit-il, ne m'avez-vous point

dit tout à l'heure, que vous accordiez mademoiselle votre fille à M. Victor Antoine.

— Oui, fit la tête de monsieur de Flars.

— En ce cas, vous la refusez à monsieur.

— Non, fit tristement l'œil du vieillard.

— Vous retirez donc votre promesse ?

— Oui, fit encore l'œil terne du colonel, et si tristement cette fois, qu'une larme en jaillit et coula silencieusement sur sa joue amaigrie.

— Ma foi ! murmura le poète, je n'y comprends plus rien.

Mais, en homme qui ne lâche le terrain que pied-à-pied, il s'écria bravement :

— Corbleu, mais il me semble que dans tout ceci, on devrait bien un peu consulter la personne la plus intéressée et demander à mademoiselle de Flars.

A ces mots, Carmen, qui avait conservé la roideur d'une statue, et qui chancelait sans haleine et sans voix, tressaillit, leva les yeux et dit d'une voix tremblante, mais intelligible :

— J'accorde ma main à M. le marquis de Lestang.

Christian s'attendait si peu à cette réponse, à laquelle les confidences de Victor ne l'avait nullement préparé, qu'il fit soudain un pas en arrière et jeta un regard stupéfait sur les visages qui l'environnaient.

Puis reculant jusqu'à la porte, il s'écria :

— Je deviendrais fou si je restais ici, je dois faire quelque mauvais rêve... très-certainement je dors.

Et il salua et sortit si brusquement, d'une façon si différente de celle qu'il avait mise à entrer, qu'il sembla justifier l'accusation de folie qu'il avait annoncé contre lui-même.

Quand il fut parti, Francis se retourna près de son père.

— N'êtes-vous pas d'avis, dit-il, d'abréger les préparatifs et de fixer la signature du contrat à demain ?

— Oui, répondit l'œil du vieillard, oui, il le faut.

Ce mot de demain frappa Carmen au cœur, un nom qui lui déchira la gorge, vint expirer sur ses lèvres, elle fut contrainte de s'asseoir pour ne pas tomber à la renverse.

Francis vint à elle, prit sa main affectueusement, la plaça dans celle du marquis, et leur dit :

— Allez vous agenouiller près de mon père, et demandez-lui sa bénédiction.

Le vieillard se leva péniblement, s'avança

au-devant d'eux, et pressa sa fille sur son cœur, laissant couler de son œil une nouvelle larme.

Le marquis vit cette larme et lui dit :

— Monsieur, ma vie entière sera consacrée à faire le bonheur de votre enfant et à expier une faute.

Le colonel poussa un soupir, la seule voix qui lui fut permise, et il alla reprendre sa place, baissant cette fois son œil vers la terre.

Quant à madame de Flars, elle étouffait.

— Donnez-moi votre bras, dit-elle à Francis. De pareilles émotions me tuent, je souffre.

Francis obéit et sortit avec elle.

M. de Lestang les suivit.

Alors Carmen, sous les pieds de qui tout croulait, Carmen éperdue et suppliant, dans le fond de son âme, le Dieu crucifié de lui donner la force de subir son martyre, Carmen s'agenouilla devant son père et prit ses mains qu'elle baisait.

Mais le vieillard retira ses mains, s'en couvrit la figure et se prit à pleurer silencieusement. Carmen jusque-là forte et résolue encore, sentit s'évanouir son courage, et, craignant de ne pouvoir supporter plus longtemps son fardeau de douleur, tremblant de trahir son secret fatal devant ce père qui la croyait coupable, elle se releva brusquement et s'enfuit.

Mais Jacques Nicou, le pauvre sourd, Jacques, qui voyait pleurer son maître et sa jeune maîtresse sans pouvoir deviner la cause de ces larmes, Jacques jeta un regard de colère au vieillard et la suivit.

— Ma fille, lui dit-il en l'atteignant dans sa chambre où elle venait de se réfugier, ma fille, pourquoi pleures-tu ? dis-moi : quel est l'infâme qui te chagrine ? dis, je le tue sur l'heure.

A cette voix retentissante, Carmen essuya ses larmes et voulut sourire.

— Je n'ai rien; dit-elle d'un signe, rien.

— Non, non, continua Jacques, tu ne pleures pas pour le plaisir de pleurer. Je veux savoir.

Carmen lui fit signe que c'était son secret, et, en chien soumis qu'il était, le géant prit dans sa main énorme la frêle main de la jeune fille, la baisa avec respect et s'en alla humblement.

Carmen demeura alors courbée sous une muette et sombre douleur ; puis enfin, ses larmes, taries un moment, jaillirent de nouveau et la soulagèrent, puis encore elle songea à Victor et murmura :

— Oh! je veux le voir une dernière fois.

Elle essuya ses larmes, étreignit sa douleur et la dompta, et quittant sa chambre, elle descendit pour chercher le marquis.

Elle le rencontra dans le parc.

— Monsieur, lui dit-elle, je me regarde dès aujourd'hui comme votre femme et je dépends entièrement de vous. Vous savez que monsieur Victor devait m'épouser, et cependant il doit ignorer le motif de cette brusque rupture entre lui et moi.

Le marquis fit un signe d'assentiment.

— Pourtant, monsieur, continua Carmen, vous sentez qu'il faut que je le voie une dernière fois, si je ne veux pas qu'il se tue ou qu'il me tue dans un accès de folie furieuse. Voulez-vous me le permettre ? Mon honneur est le vôtre, monsieur, je le garderai fidèlement.

— Bah ! pensa le marquis, quand on épouse cent cinquante mille francs et des espérances, on peut être coulant en affaires.

Et il répondit d'un ton dégagé :

— Je trouve cela fort naturel, allez, mademoiselle.

— Merci, monsieur, dit Carmen ; je me souviendrai toute ma vie de ce que vous venez de faire.

. . . .

Francis était parti pour Nogaret, où il avait averti le notaire pour le lendemain à neuf heures, tandis que déjà le bruit du mariage se répandait dans le pays.

Notre ami Christian s'en allait cependant tout étourdi, à travers les allées du parc.

— Ma foi, grommelait-il, moi qui fais des pièces, je n'ai jamais rien imaginé de situation pareille à celle-là. C'est un acte de drame un peu pâle, ou un vaudeville un peu noir, comme on voudra.

Si l'on s'amusait à charpenter une pièce, on réussirait certainement moins bien. J'arrive, on me reçoit ; j'expose ma demande, on m'agrée, puis, un autre arrive, et alors c'est moi qu'on remercie, et c'est l'autre qui... Et cette jeune fille qui aime Victor.

Ah ça! mais, double vaudevilliste que je suis! exclama le poète : ma parole d'honneur, je crois que j'avais un bandeau sur les yeux. Parbleu, je commence à comprendre... le fils parlant au père..... le père pleurant... la pauvre fille baissant les yeux... Ah! mon Dieu! pauvre Victor,

Oh! disciple naïf de Mars, tu connais les femmes comme moi les Chinois.

Et Christian se laissa aller à un rire tel, que ce rire dura vingt minutes, et ne s'éteignit qu'à la porte de Victor, où il eut assez de présence d'esprit pour prendre une figure soucieuse et une tristesse de circonstance.

Victor, qui n'était réellement un homme qu'en face d'un péril réel, et redevenait un enfant bon, crédule, plein d'irrésolution dans les circonstances banales de la vie, Victor attendait anxieusement son retour, fumant à la fenêtre et promenant un impatient regard sur le vallon.

Quand il aperçut Christian, il courut à lui et lui sauta au cou.

— Eh bien! elle est à moi? Elle est à moi? fit-il.

— A toi, murmura Christian, pauvre ami.
Et son regard acheva la phrase interrompue.

— On t'a refusé? s'écria Victor.

— Oui, fit Christian.

— Mais elle... elle?

— Elle? mon pauvre ami, elle épouse le marquis de Lestang dans huit jours peut-être...

Le capitaine fût devenu moins livide si la foudre du ciel l'eût atteint.

— Elle épouse... le marquis de... Lestang...

répéta-t-il du ton d'un homme qui ne comprends pas.

— Sans doute.

Victor prit son ami à la gorge, et le serrant à l'étouffer :

— Tu mens! s'écria-t-il, elle le hait.

— Possible! mais elle est sa maîtresse depuis...

Christian n'acheva pas. Il poussa un cri de douleur et s'affaissa sur lui-même, Victor l'avait presque étranglé.

Mais à ce cri, la raison revint à Victor; il prit Christian à demi évanoui dans ses bras, et le porta sur son lit.

— Quelle poigne tu as! ouf!

Telle fut la première parole que prononça le poète après avoir avalé du kirsch que lui versa dans la bouche Victor désespéré.

— Pardonne-moi, répondit celui-ci, mais je suis fou.

— Je le vois bien.

— Mais que s'est-il donc passé, mon Dieu! parle... dis-moi?

— Non pas, tu m'étranglerais!

Le rude soldat qui n'avait jamais fait d'excuses, s'agenouilla humblement.

— Parle, mon ami, dit-il, je serai calme.

Et posant une main sur son cœur comme pour en éteindre les battements tumultueux, il alla se placer à distance.

Christian, enhardi, raconta alors succintement ce qui s'était passé.

— Tu es fou, c'est du délire, murmura Victor qui étouffait.

Ce fut au tour de Christian à donner des soins à son ami, dont la raison chancelait.

Quand il fut calme, Christian reprit :
— Veux-tu m'écouter ?
— Parle...
— Eh bien! mon cher, si tu as bien compris cette aversion première du colonel pour le marquis, ce refus, puis, cet entretien demandé par Francis... ce vieillard sortant courroucé, l'œil flamboyant, jetant un regard de mépris à sa fille, puis pleurant et donnant un consentement subit... Ensuite, cette jeune fille rougissante et les yeux baissés, qui dit nettement : Je veux épouser le marquis de Lestang... Mais mon cher ami, acheva le poète avec emphase, c'est clair comme le jour, cela.

— Christian ! s'écria Victor, tu me fais subir mille morts... je ne comprends rien.

— Eh ! morbleu ! fit le poète avec colère,

c'est bien clair cependant, le marquis avait séduit...

— Oh! tais-toi! tais-toi! hurla Victor.

— Soit, dit froidement Christian.

— Mais non, dit le capitaine, parle ! Ne vois-tu pas que je suis fou.

— Recule-toi donc, dit Christian, car tu pourrais bien m'étrangler encore et j'ai un drame superbe que je veux faire avant de mourir.

Victor se retira à l'autre extrémité de la pièce avec la soumission d'un enfant.

— Parle, dit-il.

— Eh bien ! mon cher, mademoiselle de Flars en femme prudente s'était dit : On pourrait bien maintenant, ne pas m'épouser. Il me faut pourtant un mari... ménageons-nous Victor, pour le cas où le marquis... or le marquis s'exécute, tu deviens inutile... voilà tout.

— Mais ce serait infâme !

— C'est féminin, voilà tout.

— Mais Carmen est un ange !

— Un ange, soit. Trouve alors une autre explication.

Victor chancela, éperdu, et s'en alla tomber à dix pas, sur un siége.

Puis, soudain, et comme si un voile étendu devant ses yeux se fût tout-à-coup déchiré :

— C'est donc pour cela, s'écria-t-il, qu'elle m'a fait jurer de ne point le tuer.

Puis, il s'élança comme un fou hors de la maison, renversant Christian qui voulait l'arrêter, et tête nue, le visage enflammé il prit son élan vers la Nièvre.

Christian essaya de le suivre, mais sa course avait la rapidité fougueuse d'un ouragan.

Presque au même instant un orage, non moins terrible que celui que nous avons décrit au commencement de ce livre, éclata avec une violence inouïe ; — et le poète, nature essentiellement égoïste et paresseuse, rentra tranquillement et se contenta de faire des vœux pour son malheureux ami.

Où alla Victor ? Combien dura sa course insensée ! Nul ne le sut !

Mais vers le soir après cinq ou six heures que dura l'orage, il revint.

Ses cheveux, ses vêtements ruisselaient, la flamme de ses joues avait disparu sous une pâleur livide, — et son œil terne et abattu témoigna assez que ce steeple-chase à travers les éléments déchaînés avait terrassé sa robuste nature.

Il était assez calme, et dit à Christian :

— Charge mes pistolets !

— Tu es un insensé, voulut dire le poète.

— Fais, dit-il impérieusement.

Christian obéit.

— Maintenant, continua Victor, tu vas me donner ta parole que tu resteras ici jusqu'à demain.

— Je te la donne.

Victor s'assit à un bureau, écrivit quelques lignes, les cacheta, et les remit à Christian.

— Voilà mon testament, dit-il : embrasse-moi et séparons-nous.

— Cordieu ! s'écria le poète, dans le cœur duquel s'alluma un éclair de sensibilité, je ne te laisserai pas.

— J'ai ta parole. Ainsi laisse-moi. Si je ne reviens pas, tu pourras te considérer comme mon légataire universel.

Victor embrassa Christian, prit son burnous et ses pistolets, et partit.

— Morbleu ! murmura Christian, quand on a la sottise d'assister à un drame sérieux on oublie de dîner. — Je meurs de faim !

Et parvenant à trouver une bouteille de Bordeaux et un reste de pâté, il se mit bravement à table.

Carmen chercha longtemps un moyen de voir Victor le jour même.

Elle fut tentée vingt fois de se rendre à la maison blanche, vingt fois elle songea à lui envoyer Jacques Nicou. Mais, à mesure que les heures s'écoulaient, la pauvre enfant sentait diminuer l'énergie factice qui l'avait soutenue jusque-là, — et elle eut peur de se trouver en face de cet homme qui l'aimait, qu'elle aimait, et à qui elle renonçait volontairement.

Elle craignit de n'avoir point la force de garder son fatal secret, — et elle préféra écrire.

Enfermée dans sa chambre, elle traça une longue lettre, la cacheta, se mit au lit sous le prétexte d'une migraine, et ne parut point au souper.

La nuit vint, l'orage, un moment calmé redoubla de violence, et la pauvre jeune fille, se tordant de désespoir sur son lit, se leva, s'approcha de la fenêtre, et exposa son front brûlant aux âpres caresses de la pluie qui ruisselait chassée par le vent.

Peu à peu les lumières qui brillaient aux autres fenêtres s'éteignirent, le château tout entier s'endormit et l'on n'entendit plus que le bruit monotone de l'usine et les voix courroucées de l'ouragan. Et Carmen était là, éperdue regrettant presque son dévouement sublime et voyant se dénouer dans le vague désolé de son avenir, cette longue agonie de souffrances, ce martyre de toutes les heures, cette vie infernale qu'elle allait mener, enchaînée à cet homme qu'elle détestait et pour qui elle ressentait un mépris souverain.

La fenêtre de Carmen donnait sur la terrasse dont nous avons parlé précédemment, et qui longeait la façade du château, par conséquent, on y pouvait venir par le jardin sans entrer dans le vestibule.

Elle était donc à cette fenêtre, livrant ses cheveux dénoués aux rudes baisers de la tempête, lorsque la foudre éclata, un éclair déchira le ciel et illumina le parc et le château d'un reflet infernal.

Carmen, épouvantée, se rejeta en arrière et poussa un cri... Presqu'au même instant, une ombre se projeta dans le cadre de la fenêtre... Cette ombre se leva et sauta dans la chambre.

Carmen poussa un nouveau cri.

Mais l'ombre ou plutôt le corps alla droit à elle et lui dit :

— Taisez-vous !

— Victor !

— Oui, c'est moi.

— Vous ici ? vous, Monsieur ?

— Ah ! fit Victor, car c'était bien lui, à la

veille de votre mariage, vous ne m'attendiez pas sans doute. Ma visite, je le comprends, trouble un instant vos rêves d'avenir et d'amour.

Et la voix du capitaine était railleuse et sombre, et il jetait ses paroles, lambeau par lambeau, au travers de sa gorge étranglée.

— Victor, murmura Carmen avec un accent d'indicible reproche.

— Eh bien! reprit Victor, me serais-je trompé? et ma présence vous causerait-elle quelque joie?... Peut-être allez-vous me dire que vous m'aimez encore... peut-être...

Et Victor éclata d'un rire navrant.

Ce rire déchira le cœur de Carmen, et elle se tut, semblant protester contre l'insulte par un douloureux silence.

— Mais non, fit Victor, je le vois, vous ne m'attendiez pas.

— Non, monsieur, non! s'écria la jeune fille, je ne vous attendais pas ici... et à pareille heure.

— Oh! soyez tranquille, répondit Victor avec un accent de dédain, je ne séduis pas une femme, moi : je n'entre pas chez elle dans quelque but infâme! je voulais votre main, moi, je ne voulais pas... ô misérable insensé! triple fou!

— Monsieur, fit la jeune fille indignée, vous venez donc m'insulter ?

— Non, je viens vous tuer.

Et, comme à point nommé, un éclair brilla, et à sa lueur fauve, Carmen aperçut Victor, pâle, l'œil étincelant, tête nue, les vêtements ruisselants et en désordre, ses pistolets à la main.

— Je viens vous tuer, continua-t-il d'une voix sombre, parce que vous m'avez indignement trompé, je viens vous tuer parce que je suis seul au monde et que mon crime ne rejaillira sur personne, je viens vous tuer parce que vous avez brisé ma vie et que je veux éteindre la vôtre. Je viens vous tuer, Carmen, parce que vous n'êtes plus ni la femme de mes rêves, ni le but de mon avenir, ni l'ange dont l'image m'a guidé et soutenu à travers mille dangers et mille fatigues... parce que, enfin, au lieu d'être cette étoile dont j'avais fait mon phare, cette vierge dont la pureté était mon orgueil, vous allez être souillée, si déjà...

Victor s'arrêta frissonnant, — et dans l'obscurité qui avait succédé à la clarté blafarde de la foudre, Carmen put voir ses yeux étinceler comme ceux d'un tigre.

Mais soudain elle le saisit par le bras, et avec

une force fébrile qu'on n'eût point attendu de ses membres délicats, elle se jeta à genoux en s'écriant :

— Vous voulez me tuer, Monsieur ? Eh bien ! soit, j'appelle la mort comme une délivrance, mais auparavant, demandez-moi pardon, car vous venez de m'insulter !

A leur tour, les yeux de Carmen étincelèrent dans l'ombre.

La colère de Victor tomba devant ces paroles foudroyantes, et demeurant à genoux, il murmura d'une voix soumise :

— Pardonnez-moi, mademoiselle... car je suis fou.

— Oui, répondit Carmen, vous devez l'être, car vous avez douté de moi.

Il y eut après ces paroles, un moment de silence ; puis elle reprit :

— Monsieur Victor, votre père est mort en m'appelant son *ange gardien* : au nom de votre père, voulez-vous m'écouter !

— Parlez ! s'écria Victor ; Carmen, parlez ! J'ai un volcan dans la tête, et mon sang se fige autour de mon cœur ; parlez, car je sens que la folie me gagne.

— Victor, reprit Carmen d'une voix brisée, écoutez moi : — Je vous aime... je vous aime de l'amour le plus pur, le plus ardent dont jamais femme ait environné un homme... je vous aime depuis mon enfance, et hier encore, j'avais juré de n'être qu'à vous. Eh bien! au nom de cet amour, je viens vous demander de me croire.

— Je vous croirai, Carmen.

— Victor, j'ai un vieux père, j'ai un frère qui m'aime, je porte un nom dont jamais on n'a suspecté l'honneur... Si je vous disais : il faut, pour que ce père et ce frère vivent, pour que ce nom reste pur, que je ne sois jamais à vous, et que demain même j'en épouse un autre... si je vous disais cela, me croiriez-vous?

— Je vous croirais, Carmen.

— Eh bien! Victor, cela est, il le faut.

Un sanglot déchira la gorge de Carmen.

— Mais au moins, dit Victor d'une voix haletante et sourde, ne me direz-vous pas...

— Je ne vous dirai rien, Victor, ce secret n'est point le mien... Maintenant, si vous me croyez, prenez cette lettre que je vous écrivais, cette autre que je vous ai écrite, et dans laquelle je vous dévoile la fatalité qui nous frappe. Ce mariage est ma mort, mon ami : je ne vais point à l'autel, je vais à Dieu. Quand je serai morte, brisez ce cachet, et si vous m'avez cru coupable, priez pour moi.

Victor hocha la tête.

— Si vous ne me croyez pas, fit Carmen : tuez-moi ; et Carmen présenta le sein.

Mais Victor répondit en prenant les deux lettres :

— Je vous crois, Carmen. Moi aussi, je vais mourir... Adieu !

— Victor, dit Carmen, vous voulez mourir, mon ami ; je n'ai ni le droit, ni le courage de vous en empêcher. Mais la douleur n'est-elle point un suicide ? et n'attendrez-vous pas ?

— Carmen, fit Victor d'une voix brusque et sombre, je suis un pauvre soldat qui n'est fort qu'en face d'une mort prompte et sûre...

Mon corps est robuste, autant que mon cœur est faible, et la douleur, peut-être ne pourrait me briser... Je n'ai reculé ni devant le sabre ennemi, ni devant les balles meurtrières...

Mais vous voir aux bras d'un autre... vivre, — et vous savoir morte pour moi... ce sont là des souffrances au-dessus de mon courage... laissez-moi !...

— Eh bien ! reprit la jeune fille, quand vous aurez appuyé un pistolet sur votre front, ouvrez cette lettre... et tuez-vous !

Victor atttira Carmen à lui, mit un baiser sur son front, murmura le mot : Adieu et s'enfuit.

Mais au lieu de gagner le jardin et de sortir du parc, il se glissa dans le corridor que nous connaissons. Il y avait douze ans qu'il n'avait pénétré dans cette maison ; mais il en connaissait si bien tous les êtres qu'il alla, malgré l'obscurité, droit à la grande salle, entra, referma la porte, ouvrit celle d'une pièce attenante donnant sur une vieille galerie, et se blottit derrière une immense tapisserie de laine.

Il demeura là jusqu'au jour.

Le jour vint, il entendit aller et venir dans la maison... mais il resta...

Neuf heures sonnèrent, et il distingua parfaitement le bruit des serviteurs et des forgerons entrant pour la cérémonie. La résolution de Victor était prise ; il voulait vivre tant que Carmen serait libre, et se brûler la cervelle au moment de la signature du contrat. Il colla donc son oreille au mur, appuya, d'une main, un pistolet sur son front, et prit la lettre de l'autre. Mais, comme il allait briser le cachet un évènement imprévu et que nous dirons bientôt lui fit rejeter la lettre loin de lui et s'élancer vers la porte.

Tandis que cette scène émouvante avait lieu au premier étage du château, une autre, non moins passionnée, se déroulait au deuxième, dans la chambre du marquis : M. de Lestang était demeuré à l'usine jusqu'à onze heures avec Francis qui, radieux, se livrait avec une ardeur sans pareille à son labeur accoutumé. Puis il était rentré chez lui, et, au lieu de se mettre au lit, il avait caressé en pensée l'avenir calme et souriant que le hasard lui faisait. Il était couché à demi dans son fauteuil, un cigare aux lèvres et les pieds devant le feu, lorsque la porte s'ouvrit sans bruit. — Madame de Flars entra.

Elle était pâle, et sa toilette de jour témoignait qu'elle n'avait pas songé encore à prendre quelque repos.

— Vous, Anaïs ? dit le marquis.

— Oui, répondit-elle, déposant son bougeoir et se jetant dans un fauteuil, je veux causer avec vous.

— Comme vous êtes pâle, Anaïs.

— Les émotions de cette journée m'ont brisée.

— Heureusement voilà le mal réparé, et le dénoûment...

— Le dénoûment est impossible.

Le marquis fit un soubresaut :

— Que voulez-vous dire ? exclama-t-il.

— Je veux dire que sans doute ce n'était point assez de toutes les tortures que m'a infligées l'amour que j'ai pour vous, et que je devais en ressentir une dernière.

— Laquelle.

— La jalousie. Je suis jalouse.

— Folle ! dit le marquis ; la maîtresse doit-elle être jalouse de la femme ? est-ce qu'on aime sa femme ?

— Non, quand elle a précédé la maîtresse. Mais quand elle la suit...

— Et, selon vous, je l'aimerai.

— Je ne sais ; mais elle est belle, jeune, naïve. Je ne veux pas !

— Mais, ma chère amie, dit le marquis, — fronçant le sourcil, — vous sentez bien cependant que reculer, c'est nous perdre !

— Que m'importe ! s'écria madame de Flars avec violence.

— Il m'importe, à moi !

— A vous ? dit-elle avec un rire moqueur, à vous ? Oseriez-vous venir me dire que votre vie n'est pas enchaînée à la mienne, dans le présent et l'avenir par l'anneau de fer du passé ?

— Suis-je votre mari ?

— Vous avez raison, s'écria la jeune femme avec colère, vous n'êtes pas mon mari, mais vous êtes mon séducteur. C'est vous qui avez étendu sur ma route la claie d'infamie. Vous n'êtes pas mon mari, mais vous êtes cet homme qui, après m'avoir bercée de fallacieuses promesses, m'abandonna un jour, me rejeta sur le pavé de Paris, meurtrie et demi-vêtue, me livrant à l'opprobre et à la misère. Vous n'êtes pas mon mari, mais vous êtes cet homme qui, lorsque j'avais trouvé un mari pour lequel je voulais vivre honnête et pure, chez lequel je me rendais l'âme tranquille et reconnaissante, vint se placer sur mon chemin, et, par des larmes menteuses, par l'apparence d'un véritable désespoir me replongea dans cette ornière du passé, dans cette existence hypocrite d'où j'avais voulu sortir à jamais ! Vous n'êtes pas mon mari, mais vous êtes mon complice, nous sommes unis, enchaînés l'un à l'autre comme deux compagnons de boulet, et vous me direz vainement : Nous ne sommes pas mariés !

Eh bien ! non, Armand, vous ne l'épouserez pas ; car je préfère mille fois tout avouer à M. de Flars, je préfère la mort, la honte mille fois à la torture incessante qui me broierait le cœur en vous sentant au bras d'une autre. Non, tu ne l'épouseras pas car, sur l'heure si tu ne pars, j'éveille tout le monde ici, et devant tout le monde, je crie que je suis ta maîtresse !

— Ma chère amie, dit le marquis en l'attirant à lui, c'est la fatalité qui nous pousse. J'ai fait consciencieusement les affaires de ton mari, ne me réservant rien. Comment veux-tu que je parte ? Que devenir ?

Et la voix de cet homme, en prononçant ces paroles infâmes qui le peignait tout entier, la voix de cet homme ne tremblait pas ! Le rouge de la honte, le sang dégénéré d'une vieille race ne montait pas à son front.

— Eh bien ! s'écria madame de Flars, je descendrai d'un degré encore l'échelle d'infamie où vous m'avez hissée. Je n'ai rien, moi ; tout ce que je possède vient de mon mari. Je vais vous donner mes diamants, mes bracelets, mes bagues, ma bourse. Je vais voler mon mari pour vous, mais partez ! pars, te dis-je ! Et elle se traînait à ses genoux les mains suppliantes.

Le lendemain, à quatre heures du matin, le marquis Armand de Lestang descendit sans bruit de sa chambre, ayant dans ses poches les cent mille francs dont l'honnête Francis lui avait laissé les titres, et les diamants de madame de Flars.

— Cent mille et cent mille en bons du trésor font deux cent mille, murmura-t-il ; c'est maigre mais, à tout prendre je n'ai pas perdu mon temps ici. Il est fâcheux que cela finisse si brusquement. Ces mots étaient le secret tout entier du but ténébreux de cet homme. C'était un de ces gentilshommes qui se font voleurs pour conserver leurs mains blanches.

Comme neuf heures sonnaient à la grande horloge du château, Francis de Flars entra avec le notaire dans la salle où tout était disposé pour la signature du contrat. Le vieux Flars y était déjà, sombre et jetant un regard désolé sur les portraits de ses aïeux, que la veille, il avait semblé prendre à témoin. Madame de Flars et Carmen entrèrent ensuite. Carmen qui ressemblait, avec sa robe blanche et son visage pâle, à l'Iphigénie antique, au pied du bûcher, voyant déjà briller le couteau du sacrificateur.

— Faites ouvrir les portes à deux battants, dit alors Francis, et que tous les ouvriers, tous les serviteurs de Flars soient introduits.

Cet ordre fut exécuté sur-le-champ.

Les portes s'ouvrirent, et les domestiques d'abord, les forgerons ensuite, entrèrent silencieusement et se rangèrent autour de la table.

Ils avaient revêtu leurs habits de fête, mais à la consternation qui régnait sur leurs visages, on eût dit les préliminaires d'un repas funèbre.

La vieille Jeannon sanglotait.

— M. le marquis est sans doute encore dans sa chambre? dit alors Francis; qu'on le prévienne.

— M. le marquis est sorti à cheval ce matin, dit Jérôme, le valet de ferme. C'est moi qui lui ai sellé la Folle.

La Folle était la meilleure cavale des écuries.

— Sorti à cheval? dit Francis avec une certaine inquiétude.

— Il m'a dit qu'il avait un mal de tête et allait faire une heure de promenade.

— Et quelle heure était-il alors?

— A peine jour, quatre heures au plus.

— Il en est neuf, dit Francis; cela est extraordinaire.

— S'il pouvait s'être noyé dans la Nièvre! murmura Jeannon.

A ces mots, il courut un murmure presque joyeux dans la salle.

— Il est rentré, sans doute, continua Francis qui n'avait point entendu. Qu'on monte chez lui.

Un valet sortit.

Il y eut une minute d'anxiété générale.

Le vieux Flars, les sourcils froncés, les bras croisés sur sa poitrine, semblait le plus inquiet de tous.

Le valet revint. Il était seul et tenait une lettre à la main.

La lettre était à l'adresse de madame de Flars.

Francis la lui tendit en disant :

— Lisez vite, lisez !

Madame de Flars, émue et tremblante, brisa le cachet et lut :

« Madame et chère cousine,

» Je suis honteux de l'action que je commets, mais j'obéis à la fatalité. J'ai cru aimer, mademoiselle de Flars. Hélas ! je me suis trompé. J'avais depuis longtemps au cœur un autre amour, un moment assoupi et qui se réveille ardent et tenace.

» Vous dire ce que j'éprouve de honte et de remords est impossible, mais je suis entraîné par une force invincible, et c'est à vous seule que j'ai le courage d'adresser les excuses. »

Cette lettre lue d'une voix troublée, produisit l'effet d'un coup de tonnerre. Un murmure de de joie inespérée éclata parmi les serviteurs, le notaire songea à ses honoraires perdus, Francis chancela et devint d'une pâleur effrayante, tandis qu'une rougeur subite montait au front de Carmen.

Mais le vieux Flars, lui qui avait reprit son fauteuil, se leva d'un seul jet, et vint se planter menaçant au milieu de la salle. Alors il promena un regard fiévreux autour de lui; fit un pas vers sa fille, étendit la main, et d'un geste terrible lui montra la porte. Puis comme si Dieu se révélait en ce moment suprême, la langue paralysée du vieillard se délia, et il s'écria d'une voix retentissante qui épouvanta tous ceux qui l'entendirent.

— Voyez-vous cette malheureuse? Eh bien! elle était sa maîtresse, et je suis déshonoré.

Sors, misérable, sors, je te...

Mais la voix expira dans sa gorge, et sa langue clouée de nouveau à son palais, redevint paralysée et muette.

Il n'avait pas eu le temps de maudire sa fille. Le pinceau d'aucun des peintres qui ont excellé à représenter l'effroi ne pourrait reproduire la terreur empreinte sur tous ces visages par cette étrange scène. Madame de Flars s'évanouit, et Carmen poussant un cri d'angoisse, un seul, s'affaissa inerte et froide sur le parquet.

Mais à ce cri, une porte s'ouvrit avec fracas dans le fond, et un homme pâle, défait, le regard brillant d'un feu sombre, entra lentement, et vint se placer entre le père, qui demeurait immobile et terrible, et la fille qui râlait sourdement, le front contre terre.

Cet homme était Victor.

Il croisa ses bras, comme l'avait fait le vieux Flars, il regarda tout le monde de son œil de feu, puis d'une voix vibrante, il dit :

— Ecoutez tous, vous qui venez d'entendre la révélation de la honte, écoutez celle de la réparation. Je demande trois jours pour retrouver le séducteur de mademoiselle de Flars, trois jours pour le contraindre à lui donner son nom. Puis, comme cet homme est un lâche, lorsque l'honneur des Flars sera à couvert, je le tuerai, car il a tué mon père.

Une explosion d'enthousiasme ébranla la salle. Il n'y eut guère que madame de Flars, qui, revenue à elle chancela et poussa un cri de terreur.

Quant à Carmen, comme si cette voix aimée l'eût rappelée à elle, elle se leva et promena un céleste regard sur tous ces visages qui avaient pâli de sa honte et se ranimaient au mot de réparation.

— Ecoutez encore, continua Victor, si dans trois jours je n'ai point retrouvé cet homme, comme le déshonneur ne peut s'allier avec le sang des Flars, je supplierai mademoiselle de m'accorder sa main; et, par les cendres de mon père, par cette croix que vous voyez sur ma poitrine, il faudra que le monde entier respecte à l'égal de la plus pure et de la plus noble des femmes celle qui portera mon nom.

Il y eut comme un ouragan de joie sous les vieux plafonds de la salle.

— Un cheval! s'écria Victor, un cheval tout de suite!

Forgerons et serviteurs sortirent en tumulte, et il ne resta dans la salle que le vieux Flars mourant, Carmen agenouillée près de lui, et madame de Flars affaissée sur un siége et en proie à une prostration profonde.

Francis avait suivi Victor.

M. de Lestang était descendu au petit jour à l'écurie, et il était près de cinq heures lorsqu'il s'éloigna au trot allongé de la Folle. A l'exception des valets de ferme, habitués à ses courses matinales, tout paraissait dormir au château.

Mais tandis que le marquis mettait le pied à l'étrier, une tête apparut à une croisée du second étage, se pencha curieusement, et suivit dans ses moindres détails l'opération du départ.

Puis, au moment où le cavalier, son manteau plié et fixé sur sa selle, sortait de l'avenue, Jacques Nicou, tenant le lévrier en laisse, sortit du château, traversa pareillement le parc, et au lieu de suivre le chemin, se jeta de l'autre côté et prit la même direction que le marquis, en ayant soin de se dérober dans le fourré qui longeait la route, au midi du côté de Nevers.

Le marquis prit le trot, malgré les ronces qui rendaient sa marche difficile, le vieillard allongea le pas.

Et celui qui eût vu ce vieux géant, aux yeux enflammés, courant malgré son grand âge après ce cavalier auquel il dissimulait sa poursuite, traînant après lui un chien énorme dont une écume sanglante bordait les lèvres, celui-là eût pressenti que chien et vieillard, qui semblaient se comprendre, avaient de sinistres projets à l'endroit du cavalier.

Or, le marquis se doutant fort peu qu'on le suivait, continuait son chemin sans une vitesse affectée ; et il fallait voir le manteau de voyage pour soupçonner autre chose qu'une promenade du matin. Ensuite, toute bouillante qu'elle était, le Folle n'avançait que difficilement dans le sentier étroit défoncé par l'orage durant la nuit.

Cependant, arrivé à un quart de lieue du château, et lorsque la route, quittant les terres, courut aux bords des rochers qui longeaient la Nièvre dans la direction du Trou de Satan, monsieur de Lestang éperonna sa monture et prit une allure plus rapide, ce qui fit que Jacques Nicou commença peu à peu à perdre du terrain et précipita sa course en serrant les poings comme si sa proie lui échappait.

Mais tout en galopant, le marquis monologuait et se disait, sans doute qu'à tout prendre, il était maintenant assez riche pour aller à Bade y hasarder une martingale habile et faire sauter la banque.

Il avait franchi le pont jeté sur le torrent, et du pont, il était arrivé à la maison de Victor, devant laquelle il allait passer sans s'arrêter, lorsque sur le seuil se montra notre ami Christian.

— Ah! pardieu, s'écria celui-ci, enchanté de vous voir, marquis.

— Bonjour, très-cher, répondit le marquis d'une voix affairée.

— Comment vous va ?

— Bien. Et vous ?

— A merveille ! excusez si je vous quitte.

— Vous êtes bien pressé ?

— Oui, je vais à Nevers... excusez.

— Attendez donc mon cher, fit imperturbablement Christian en posant la main sur la bride de son cheval, attendez que je vous conte quelque chose...

— Mon cher, dit poliment le marquis, ce serait un vrai plaisir pour moi de vous entendre, mais...

— Mais vous m'entendrez, car cela vous intéresse...

— Cependant...

— Oh ! vous m'entendrez, *per bacco* ! La ville de Nevers ne prendra pas le bateau à vapeur, et vous la trouverez toujours en son lieu et place.

— Mais enfin, voyons, qu'est-ce ?

— Figurez-vous que mon ami Victor est mort sans doute, à l'heure qu'il est.

— Ah bah ! fit le marquis, sur un ton qui tenait le milieu entre la satisfaction et le regret.

— Oui, marquis, il est parti hier soir avec ses pistolets, et il n'est point revenu.

— Pauvre garçon! on le disait maniaque et rêveur.

— Erreur! cher; il était positif comme un chiffre.. Mais il s'est tué, c'est votre faute.

— Je trouve la plaisanterie charmante, ricana le marquis du bout des dents.

— Il n'y a aucune plaisanterie, je maintiens mon dire. Il aimait la femme que vous épousez, vous lui avez enlevé cette femme, et il s'est tué.

— Eh bien!.. que voulez-vous que j'y fasse ?

— Mais attendez donc! s'écria le poète, attendez donc, je ne vous ai pas tout dit.

Figurez-vous qu'il a eu la tentation d'aller vous brûler le crâne.

Un sourire dédaigneux glissa sur la lèvre du marquis.

— Mais il a été retenu par la pensée qu'il avait promis à votre femme de ne point se venger.

— Touchant souvenir, en effet.

— Il est donc parti, il n'est pas revenu, sans nul doute il est mort. Or, figurez-vous que j'ai si souvent donné mon cœur à droite et à gauche; à tort et à travers, que souvent lorsque j'ai besoin de lui il me fait défaut et court les aventures ; hier, précisément, ce cœur racorni était absent, et j'ai eu l'insensibilité de laisser partir mon ami, de souper tranquillement et de dormir d'une seule traite, jusqu'au jour.

Mais voilà qu'en m'éveillant j'ai trouvé mon cœur de retour et j'ai conçu le projet...

— D'élever un mausolée à votre ami, fit le marquis en poussant son cheval ; c'est d'un noble cœur.

Christian ne lâcha point la bride et continua froidement :

— Non pas, mon cher monsieur, je me suis mis dans la tête de le venger.

— Le venger d'un suicide ? Allons donc.

— De celui qui en est la cause première du moins. Au moment où vous êtes arrivé j'allais partir pour le château vous y chercher, et vous demander votre heure, vos armes, le lieu.

— Monsieur Christian, dit le marquis en donnant un furieux coup d'éperon à la jument qui bondit, vous avez beaucoup d'esprit et vous me faites là une plaisanterie d'infiniment de goût, mais... excusez-moi, je suis pressé...

— Oh! dit le poète en se cramponnant au cheval qu'il arrêta, il paraît, monsieur, que vous n'êtes pas de première force en courage.

— Monsieur, est-ce sérieusement?

— Parbleu!

— Ainsi vous me provoquez?

— Dans les formes.

— Eh bien, je vais à Nevers, au retour je passerai par ici et je me mettrai à vos ordres.

— Tarare! fit Christian, je ne me bats jamais le soir.

— Eh bien! demain.

— Non, tout de suite.

— Mais je suis pressé?

— C'est l'affaire de quelques minutes.

— Je ne les ai pas à ma disposition.

— Mes pistolets sont tout chargés! tenez, je vais les prendre.

Christian entra d'un bond dans la maison et en ressortit avec une magnifique paire de pistolets, un chef-d'œuvre signé Lefaucheux, ce prince des armuriers parisiens.

— Mais, dit le marquis, un duel sans témoins est-ce loyal?

— Sans doute, nous ferons feu en même temps.

Ils comptèrent trente pas, se placèrent face à face, et Christian se trouva entre le marquis et Nogaret.

Au moment où ils prenaient leur place de combat respective, le vieux Jacques Nicou arrivait hors d'haleine ; il se précipita sur Christian qui ajustait le marquis avec un sang-froid terrible, releva le bras et détourna le coup si brusquement, que Christian étourdi, fut jeté de côté tandis que la balle du marquis passait au-dessus de sa tête.

— Ah ça ! butor, s'écria le poète.

— *Il est à moi*, dit le géant de sa voix terrible, sa vie est sacrée.

Mais à la vue de Jacques Nicou, le marquis frissonna, pressentit un coup de foudre, et cédant à la terreur secrète que lui avait toujours inspiré le vieillard, il jeta son pistolet fumant, sauta prestement en selle et partit au galop.

Aussitôt Jacques Nicou se mit à sa poursuite, et la course du géant fut si précipitée, qu'il ne perdit que peu de terrain sur le galop du cheval.

Ils coururent ainsi tous deux laissant Christian stupéfait, jusqu'au pont jeté sur la Nièvre et que franchissait la route de Nevers. Mais le pont avait été emporté par l'orage de la nuit précédente, et le marquis fut tenté de rebrousser chemin. Mais Jacques Nicou arrivait et la terreur le reprenant, il poussa son cheval, résolu à passer la rivière à la nage.

Le cheval avait à peine perdu pied que le cavalier jeta un cri de douleur. Une étreinte lui serrait la jambe. C'était le lévrier lâché par le géant, le lévrier à qui l'on permettait enfin d'assouvir sa vieille rancune.

Il avait presque englouti la jambe dans sa large gueule, et ses yeux sanglants semblaient dire à sa victime : Tu n'iras pas plus loin ! Animé par la douleur et la colère, le marquis sangla l'animal avec sa cravache.

Le chien serra plus fort, et nageant à reculons, voulut ramener cheval et cavalier vers la rive, le cheval ne demandait pas mieux ; il fit tête-queue et gagna la berge, entraînant à son tour son cavalier et le chien qui serrait toujours. Le géant était debout sur la berge et attendait. A sa vue le chien lâcha prise, le géant prit la bride du cheval, appuya sa large main sur l'épaule du marquis et lui dit :

— Il faut retourner, il le faut.

Le marquis voulut parler.

— Tu sais bien que je suis sourd, répondit le géant, et arrachant à un coudrier de la route une branche noueuse :

— Marche, ajouta-t-il, marche, séducteur de fille ! marche ! ou je t'assomme.

— Allons, murmura le marquis, buvons le vin puisqu'il est tiré ; j'épouserai la petite, tant pis pour madame de Flars !

Mais il se retourna, vit briller le regard sombre du géant et frissonna.

Celui-ci était las, il ordonna au cavalier de marcher lentement ; le cavalier obéit.

Peu après, ils rencontrèrent Christian qui en curieux qu'il était, les avait suivi.

A sa vue le marquis lui cria :

— Au secours ! monsieur Christian, délivrez-moi de ce fou !.

— Monsieur, répondit Christian, vous me faites l'effet d'un misérable ; continuez votre route...

Et un cigare aux dents, il suivit Jacques Nicou. Une heure après, tous trois atteignirent la grille du parc, au moment où Victor à cheval, et suivi d'une vingtaine de forgerons, s'élançait à la poursuite du marquis.

— Le voilà, dit le géant, il courait fort, mais le chien a de bonnes dents.

Victor pâle et terrible, s'approcha du marquis.

— Monsieur, lui dit il, on vous attend ici; suivez-moi.

Et descendant de cheval, il jeta presque le marquis à bas du sien et l'entraîna.

— Ma foi, murmura Christian en revoyant son ami sain et sauf, je n'y comprends absolument rien.

Nous avons laissé le vieux Flars, Carmen pleurant à ses genoux, et madame de Flars dans la salle où devait être signé le contrat et que les forgerons venaient de déserter pour suivre Victor.

Un moment stupéfaite, madame de Flars revint à elle, courut à Carmen, l'entraîna dans un coin du salon et lui demanda vivement :

— Quel est cet homme ?

— C'est Victor, répondit Carmen, Victor le fils d'Antoine, celui que j'aimais.

Madame de Flars poussa un cri.

— Vous l'aimiez ? fit-elle avec explosion.

— Oui... murmura Carmen.

— Et, continua la jeune femme frémissante, l'aimant vous alliez en épouser un autre ?

— Fallait-il vous perdre ? murmura Carmen.

— Oh! s'écria madame de Flars chancelante, oh! pauvre enfant...

Puis, mue soudain par une pensée non moins généreuse, elle s'écria :

— Je ne veux pas! je ne veux pas!

— Madame... madame... articula Carmen d'une voix brisée.

— Taisez-vous, répondit madame de Flars, tais-toi !

En ce moment Francis rentrait :

— Monsieur, lui dit madame de Flars en se précipitant vers lui, monsieur, faites monter tout le monde... sur-le-champ... je le veux.

Francis, étonné, allait interroger sans doute avant d'obéir, mais il n'en eut pas le temps, la salle fut envahie par un flot de forgerons et de domestiques qui criaient :

— Le voilà ! le voilà !

Au milieu d'eux Victor arrivait, tenant le marquis par le bras.

A la vue de ce dernier, le vieux Flars se leva et vint à lui menaçant; sa bru l'arrêta d'un geste et se plaça, comme elle l'avait fait naguère, comme l'avait fait ensuite Victor au milieu de la salle et s'écria :

— Ecoutez-moi tous, écoutez-moi !

Et tandis que tous étonnés se taisaient soudain :

— Mademoiselle de Flars, continua-t-elle d'une voix ferme, n'a jamais été la maîtresse de cet homme.

Et d'un geste elle désignait le marquis.

— Mademoiselle de Flars est pure de toute faute; et s'il est des coupables ici, ces coupables sont cet homme et moi. Carmen a voulu me sauver, et elle a menti !

Et la tête haute, belle de désespoir et d'énergie, elle alla droit à son mari, qui, écrasé sous cette foudroyante révélation, s'appuyait au mur pour ne pas tomber; puis elle s'agenouilla.

— Monsieur, dit-elle, tuez-moi sur l'heure; je suis une indigne femme, la mort sera pour moi un châtiment et un bienfait. Tuez aussi cet homme, car j'étais pure autrefois, et il m'a souillée; car il a été dans ma vie comme un ressort infernal, et m'a poussée au crime nuit et jour, sans relâche !

Et comme Francis ne répondait pas :

— Monsieur, continua-t-elle avec l'accent de la prière, monsieur, par pitié, par grâce, tuez-moi !... je vous le demande à genoux... devant tous ces serviteurs dont le dernier est encore plus pur que moi !

Mais tous ces cœurs acharnés naguère à la perte de cette femme, tous ces cœurs se fondirent au son de cette voix suppliante, et, forgerons et valets de ferme, bouviers, tous s'écrièrent d'un commun élan :

— Grâce ! grâce !

Il n'y eut que le marquis, attéré, dont les lèvres ne remuèrent point, et le vieux Flars dont la langue était paralysée.

Le vieux Flars s'avança vers cette femme qui demandait la mort à genoux, plaça ses deux mains ouverte sur la tête de sa bru ; il regarda son fils et sembla lui dire :

— Tu ne la tueras point, car elle a sauvé mon enfant, et elle est sous ma protection.

Francis comprit ce regard sans doute, car il releva sa femme et lui dit d'une voix grave et pleine de larmes :

— Devant tous ces témoins de votre repentir, je vous pardonne, madame.

Un frissonnement de joie courut dans la salle ; puis par une réaction subite, tous les yeux se portèrent indignés sur le marquis, et il se sentit trembler et défaillir d'épouvante sous le poids de ces regards enflammés et ardents de vengeance.

Alors Francis alla droit à lui et leva la main pour le frapper au visage, mais une main retint la sienne, et Victor se plaçant entre eux, dit d'une voix grave et ferme :

— A moi d'abord; mon père n'est point vengé.

Mais ainsi qu'il avait écarté Francis, Victor fut écarté soudain par un bras robuste, et le géant qui dominait de la tête entière tous les témoins de cette poignante scène, se plaça à son tour devant le marquis et ses deux adversaires :

— Arrière, fit-il de sa voix stridente. Il a tué ma fille, et mes droits passent avant les droits d'aucun.

Et saisissant sa victime, il la jeta sur ses épaules et passa en courant au travers de la foule stupéfaite en criant :

— Place! place!

— Qu'on le suive! s'écria Francis.

Tous sortirent en tumulte sur les pas du géant. Mais celui-ci semblait avoir des ailes; il courait, emportant son fardeau comme si une force invincible et surnaturelle l'eut poussé.

Il traversa le parc et prit le chemin de Nogaret, toujours suivi par Victor et la foule. Quand on le vit dépasser le village, un cri d'effroi retentit.

— Le Trou de Satan! murmurèrent cent voix.

Mais le géant courait toujours, et comme il était sourd, il n'entendit point les cris de : Arrêtez! arrêtez! dont on le poursuivait... Il courait, courait toujours, et la sueur se glaçait au front de ceux qui courait après lui.

Il arriva sur les bords du gouffre, s'arrêta, se retourna vers les forgerons, balança avec un rire féroce au-dessus de sa tête le marquis évanoui, sembla attendre l'arrivée de toute cette foule... puis, lorsqu'elle ne fut plus qu'à vingt pas, il l'éleva une dernière fois en l'air, et comme s'il eut jeté un défi à la terre entière, il le lança dans l'abîme.

On entendit un cri terrible, puis un bruit sourd, celui de la chute d'un corps...

Puis un éclat de rire sinistre et formidable se fit entendre... le géant croisa ses bras, et de sa voix de Stentor, il entonna la chanson que la pauvre Follette murmurait jadis le long de la Nièvre.

Après de tels événements, madame de Flars ne pouvait demeurer à Nogaret...

Francis le comprit et partit avec elle dès le lendemain pour la Suisse.

Un mois après Carmen épousa Victor.

Christian signa au contrat et retourna deux jours après à Paris, où l'attendaient une foule de directeurs de spectacle aux abois qui n'avaient plus d'espoir qu'en lui.

— C'est égal, dit le poète tandis qu'il roulait en malle-poste, je viens d'assister à un drame qui, au théâtre, aurait un succès écrasant, malheureusement les convenances... Bah! je transporterai la scène en Norwége et l'effet sera le même, sans que personne s'y reconnaisse.

Un an après une lettre arriva à Nogaret.

Elle était de Francis qui annonçait la mort de sa femme, et son dessein de se fixer en Suisse.

Une autre lettre était jointe à la sienne et adressée à Carmen.

Madame de Flars l'avait tracée à son lit de mort.

La voici :

« Genève, 17 septembre.

» Je vous écris de mon chevet d'agonie, Carmen. Quand ma lettre arrivera à Nogaret, je serai morte. Les médecins ont fixé ma dernière heure à demain soir.

» Il y a un an à peine que je vous ai quittée, ma pauvre Carmen, mais vous ne me reconnaîtriez pas, je ne suis plus qu'un fantôme.

» Et savez-vous de quel mal je meurs, ô ma sœur ?

» Ecoutez :

» Francis a été parfait pour moi ; jamais un mot, jamais un geste, jamais un regard ne m'ont rappelé ma faute. Nous avons parcouru ensemble la Suisse et l'Italie, il était comme aux premiers jours de notre union, bon, attentif, plein d'égard et de délicatesse... Sa gaîté était revenue, et toute autre peut-être s'y fut trompée...

» Mais le pardon d'un mari, Carmen, c'est un pardon sans oubli, et son pardon m'a tuée. Cet homme qui semblait s'efforcer de deviner mes moindres désirs, épiant mes caprices, n'ayant jamais pour moi que de bonnes et charmantes paroles, cet homme a été mon bourreau involontairement.

» Si Francis m'eût témoigné du mépris, si notre vie commune eût été un long reproche, j'aurais eu peut-être la force de souffrir en mesurant la faute au châtiment. Il a été bon, sa clémence est devenue mon supplice.

» Oh ! si vous saviez, Carmen, ce qu'on souffre nuit et jour auprès de l'homme qu'on a trompé. Ses attentions sont des reproches, son silence des reproches, ses caresses le plus poignant des remords.

» Quand il me tenait pressée sur son cœur, je sentais le mien défaillir et je me disais : Cet homme qui paraît oublieux, cet homme se souvient de tout, et sa gaîté est une torture... Ma faute est un fantôme qui se dressera éternellement entre nous, entre le bonheur et lui.

» Et chaque jour, chaque heure, chaque minute de cette éternelle année étaient une torture aiguë, brûlante, une torture comme il est impossible que la justice divine en réserve aux damnés.

» J'ai lutté contre la mort, Carmen, la mort m'a vaincue, et je l'attends comme une délivrance à présent.

» A vous, mon ange sauveur, à vous qui m'aviez offert le bonheur de votre vie entière, à vous ma dernière pensée, à vous ma dernière prière et mon dernier conseil...

» Pleurez sur moi, ô ma sœur, car le monde ne me plaindra point, car le monde ne sait pas pas combien de jours de lente et terrible agonie, par combien d'heures infernales la femme tombée expie une heure d'erreur...

» Croyez-moi, ô ma sœur, car la voix d'une mourante est prophétique : la fatalité est le pivot d'airain de la vie ; le passé et l'avenir sont étroitement enlacés par une chaîne indissoluble ; j'ai voulu rompre avec les jours éteints et vivre le front haut et pur... mais l'anneau de fer du passé m'étreignait, et je suis retombée saignante sur la fange pierreuse que je voulais abandonner ! Adieu ! »

I

LE PIQUEUR SONNE-TOUJOURS.

Quand on a vingt-cinq ans, une belle fortune en terres, prés, bois et moulins, un nom, une jolie figure, l'indépendance la plus complète et une seule passion, — une passion honnête et avouable, que pourrait-on désirer de plus ?

Le jeune marquis de Pré-Gilbert avait tout cela ; aussi s'estimait-il le plus heureux gentilhomme du pays de France et de la province de Bourgogne.

Le château de Pré-Gilbert était assis au bord de l'Yonne et adossé à un joli coteau chargé de vignobles; autour de lui s'étendait une belle prairie, qui lui donnait lieu de parc; à deux portées de fusil au-delà de la rivière, de grands bois élevaient leurs futaies majestueuses, qui abritaient une merveilleuse quantité de gibier, depuis la grande bête fauve jusqu'au modeste lièvre. Loups, sangliers, daims et chevreuils, perdrix rouges et grises, bécasses en novembre et pluviers dorés au mois de mars, on trouvait de tout cela sur les terres du marquis.

Le marquis, avons-nous dit, n'était en proie qu'à une seule passion, — la passion de la chasse.

Cette passion dégénérait en maladie, — cette maladie était héréditaire dans sa famille. Ceux des Pré-Gilbert qui n'étaient pas morts sur un champ de bataille, au service du roi, avaient succombé assurément en plaine ou sous bois, comme disent les veneurs. Le grand-père du marquis avait été décousu par un sanglier, son père éborgné par un cerf aux abois.

La plus grosse part du revenu passait, chez le marquis, à entretenir la plus belle meute de la province de Bourgogne, et le piqueur était, au château, un personnage si considérable que, de tout temps, il avait eu le privilége de joindre à ses fonctions cynégétiques l'emploi plus grave d'intendant.

Or, le jeune marquis de Pré-Gilbert avait hérité de cette noble et indomptable passion qui posséda ses aïeux, et il avait une assez belle réputation de veneur dans la contrée, malgré son jeune âge, car la chasse et la vénerie sont des sciences auxquelles l'expérience est presque indispensable.

Le piqueur du marquis était surtout un homme hors ligne, un de ces Nestors de la futaie et du taillis, de ces Ulysses du carrefour et du fourré qui font la gloire de leur maître, le désespoir de ses voisins, dont la science passe à la postérité sous forme de proverbe, qui sont enviés par leurs contemporains et pris pour arbitres suprêmes dans les questions les plus épineuses.

Jean Guillé prononçait des arrêts sans appel sur tous les différents élevés entre chasseurs; il jugeait froidement d'un chien et le déclarait bon ou mauvais après une seconde d'inspection, sans l'avoir vu à l'œuvre; quand un voisin du marquis voulait fêter un visiteur ou un parent et le faire assister à une belle chasse, à un hallali véritablement fabuleux, il empruntait Jean Guillé.

Le prince de Condé ayant ouï parler de ses mérites, le fit venir un jour à Chantilly, et, enthousiasmé, lui offrit d'entrer chez lui avec des honoraires décuplés.

Jean Guillé qui était encore jeune alors, et n'avait pas atteint l'âge où l'ambition commence à poindre dans le cœur de l'homme, refusa net et préféra le service de son maître, le vieux marquis de Pré-Gilbert, alors vivant.

Les Guillé étaient piqueurs de père en fils à Pré-Gilbert, comme les marquis étaient seigneurs de génération en génération.

Ces deux dynasties vivaient en bonne intelligence sous le même toit et dans le même royaume. Les marquis avaient trente mille livres de rentes, les Guillé de belles et bonnes économies traduites en clos de vigne et en arpents de terre au soleil, situés tout auprès des vignobles et des champs dépendant du château.

Si bien que le dernier des Guillé, Jean, le piqueur célèbre et émérite, ne conservait son emploi que par amour pur de l'art et comme distraction, car il aurait fort bien pu installer sa femme Claire et sa fille Rose dans sa maison du village, prendre des valets de labour et des vignerons, et cultiver ses propriétés lui-même, ce qui lui eût permis de vivre dans l'aisance.

Jean Guillé, à l'époque où commence notre récit, était un homme d'à peu près cinquante ans, gros et court, bien qu'il fût un excellent écuyer, la tête chauve, mais le teint fleuri et rubicond, ainsi qu'il convient à un honnête habitant de la côte d'Yonne, qui sait apprécier les crûs merveilleux de son pays.

Sa large poitrine enfermait des poumons de Stentor, et la vigueur homérique du son de sa trompe lui avait valu le sobriquet de *Sonne-Toujours*. Ce sobriquet lui était resté; petit à petit on avait oublié de l'appeler Jean Guillé pour lui donner son surnom, et, en fin de compte, d'Auxerre à Clamecy et d'Avallon à Sens, on ne parlait que de M. *Sonne-Toujours*.

M. Sonne-Toujours habitait un pavillon séparé du château par un potager; sa femme s'occupait des soins du ménage, et sa fille Rose était la lingère, l'intendante au petit pied du château.

Les valets, dont la défroque s'usait, les femmes de service qui désiraient une augmentation de gages, les fournisseurs de toute nature et les pauvres de la paroisse s'adressaient à mademoiselle Rose. Rose était une charmante enfant de dix-huit ans, blonde comme une création de

Rubens, au teint de lys, à la taille svelte et souple, aux petites mains blanches ornées de beaux ongles taillés en amande.

Le pied de Rose n'était pas plus petit peut-être que celui de Cendrillon ; mais il l'était assez pour qu'on pût croire que le conte charmant de Perrault, — si Perrault eût vécu de ce temps, — avait été fait pour elle.

Rose et le marquis, nés sous le même toit, s'aimaient fort tendrement. Ils avaient passé une partie de leur enfance ensemble, ensemble ils avaient grandi et partagé les mêmes jeux.

Seulement, Raoul de Pré-Gilbert ne voyait en Rose qu'une amie, une bonne sœur, une petite fille sans importance qu'on aime pour sa gentillesse, tandis que Rose, beaucoup moins aveugle, se prenait parfois à soupirer bien bas et à penser que le hasard, s'il eût été juste, l'aurait dû faire naître femme de qualité, ou tout au moins placer le marquis dans un milieu moins élevé et qui lui permît de songer à elle.

Malheureusement, Raoul de Pré-Gilbert n'avait fait aucune de ces deux réflexions, — et toutes ses facultés, tous ses instincts étaient trop absorbés par sa passion dominante pour qu'il eût le temps de songer à un amour quelconque.

Quand il revenait de la chasse, chevauchant côte à côte avec son piqueur et marchant en tête de ses chiens, Raoul, en mettant pied à terre dans la cour du château, déposait un baiser bien affectueux, bien innocent et bien froid sur le front rougissant de Rose, — et Rose soupirait et se disait avec dépit : Soyez donc jolie à croquer pour qu'on ne s'en aperçoive seulement pas.

Or, en ce temps-là, bien qu'il passât ses journées à cheval, quand il chassait à courre, ou dans les vignes ou sur les côteaux, lorsqu'il se contentait de poursuivre, avec un chien d'arrêt, une compagnie de perdreaux et de tuer un lièvre au *déboulé*, le jeune marquis de Pré-Gilbert avait fini par prêter une oreille inquiète, — à son double titre de gentilhomme et de riche propriétaire, — aux sourdes rumeurs qui grondaient à l'horizon politique. La tempête de 93 approchait et devenait de plus en plus menaçante chaque jour.

Déjà le marquis avait vu ses voisins les plus alarmés quitter le pays et commencer l'émigration ; ses joyeux compagnons de vénerie s'en allaient un à un, sa trompe de chasse résonna bientôt solitaire sous la futaie, sa meute fut bientôt la dernière qui osa suivre à pleine gueule un daim ou un sanglier dans les champs des paysans égarés et furieux, et sur le territoire des communes qui arboraient avec enthousiasme le drapeau tricolore.

Raoul avait l'insouciance de son âge, la bravoure de ses pères; il était aimé dans le pays et il continua hardiment à chasser et à signer ses lettres, ses baux et ses conventions de son titre de marquis. Un soir cependant, à onze heures, par une nuit sombre de novembre, un cavalier s'arrêta à la porte du château et secoua la sonnette de la grille fort longtemps avant d'avoir réussi à éveiller ses hôtes endormis.

Ce cavalier était un magistrat de la ville voisine. Il se fit introduire auprès de Raoul et lui dit simplement:

— Monsieur le marquis, si vous persistez à demeurer dans votre château, et à vous montrer à la tête de trente ou quarante chiens de meute, vous serez guillotiné à Auxerre avant huit jours. Vous avez été dénoncé au district, et comme j'étais l'ami de votre père, je transige avec mes fonctions et mon devoir pour venir vous sauver. Vous n'avez qu'un parti à prendre et pas une minute à perdre. Montez à cheval et fuyez. Allez vers le nord-est, passez le Rhin. Vous ne serez en sûreté qu'à Coblentz, dans les rangs de l'armée de Condé. Je me suis procuré un passe-port pour vous, sous un nom supposé; le voici.

Raoul comprit enfin que sa vie était compromise s'il restait, et son honneur aussi, car son devoir de royaliste et de gentilhomme l'appelait à Coblentz. Il réveilla son piqueur Sonne-Toujours et tous les serviteurs du château, à qui il annonça son départ et fit ses adieux.

Rose se prit à sangloter comme un enfant, et la bonne Claire, tout émue, serra dans ses bras son jeune seigneur.

Jean Guillé témoigna une vive douleur à son maître, mais cette douleur prenait surtout sa source dans la navrante pensée qu'on ne chasserait plus à Pré-Gilbert. Sonne-Toujours aimait le marquis, au demeurant, parce que le marquis possédait la plus belle meute de l'Auxerrois.

Le marquis absent, plus de meute.

— Mon ami, dit Raoul à son piqueur, ceci est une bourrasque dont Dieu aidant, la noblesse de France aura bientôt raison. Avant six mois je l'espère, l'armée des princes, victorieuse, aura traversé la France, assiégé Paris et délivré son roi. Je pars, mais tu me verras revenir bientôt. Je te confie mes intérêts, ma fortune, le soin de mes revenus. Conserve mes chiens si tu peux et réalise-moi de l'argent si la chose est possible, car j'en aurai besoin peut-être à l'étranger.

Ces recommandations faites, le marquis ceignit ses reins d'une ceinture de cuir renfermant quelques centaines de louis, revêtit un habit de voyage de la plus simple apparence, choisit un de ses domestiques pour l'accompagner, embrassa les autres et partit.

Huit jours après, Raoul de Pré-Gilbert atteignait les bords du Rhin et se présentait à l'armée de Condé, laquelle presque entièrement composée de gentilshommes, comptait dans ses rangs beaucoup de veneurs qui charmaient les douleurs de l'exil et les fatigues de la guerre par de fabuleuses campagnes de chasse dans ce merveilleux pays où chaque buisson est une bauge ou un fort, où chaque sillon cache un lièvre et chaque carré de luzerne de nombreuses compagnies de perdreaux.

Les six mois fixés par le jeune marquis comme délai accordé à son absence s'écoulèrent, puis six autres après. — La révolution grandissait ; le roi était mort ; monsieur de Robespierre, de concert avec Samson, avait fini par convertir la France en un vaste et lugubre abattoir, et le plus pur de son sang coulait à flots sur les échafauds dressés aux quatre coins du pays.

Quelques victoires chèrement achetées, quelques batailles noblement perdues : c'était tout ce qu'avait pu faire la chevaleresque armée des princes pour son pays et son roi.

Raoul s'était vaillamment comporté, il avait tiré l'épée en homme qui sait s'en servir et il avait rougi plusieurs fois de son sang le sol des champs de batailles au cri enthousiaste de : vive le roi !

Mais il continuait en même temps à s'adonner à sa passion favorite ; il chassait le plus possible, courait le cerf et l'élan, cette noble bête des forêts du Nord qu'envient nos forêts, traquait l'ours dans la montagne Noire et tirait le faisan dans les îles du Rhin.

Cependant une tristesse qui, tous les jours, revêtait des teintes plus sombres, s'emparait de lui peu à peu. Au milieu de cette noblesse ruinée, exilée, et qui conservait néanmoins son esprit et sa bonne humeur, Raoul se laissait gagner par une noire mélancolie, — en dépit des fêtes cynégétiques auxquelles il assistait et prenait part quotidiennement, — il regrettait les futaies modestes, les humbles coteaux, les vignes du pays bourguignon.

Il se souvenait à peine de son château peut-être, mais son piqueur Sonne-Toujours, sa meute où les bâtards anglais avaient commencé à s'introduire, et ses chasses moins brillantes sans doute que celles des bords du Rhin, mais qui lui rappelaient son heureux temps, revenaient sans cesse en sa mémoire.

Lorsqu'il plantait son couteau de chasse dans le poitrail d'un élan pour en faire la curée, il songeait aux chevreuils de ses bois; — les faisans du Rhin lui faisaient regretter les perdrix rouges de ses coteaux.

Le marquis, avouons-le, résista longtemps à cette humeur sombre qui s'emparait de lui; il lutta énergiquement et essaya de triompher.

Son courage, sa résignation, ses forces succombèrent. Un matin il se leva avec la résolution de rentrer en France, dût-il marcher à l'échafaud, et de regagner les futaies de Pré-Gilbert.

— J'ai le mal de chasse du pays, se dit-il, mourir ici ou là-bas, peu importe!

Et il se mit bravement en route.

Il nous paraît assez utile maintenant de raconter ce qu'étaient devenus le château de Pré-Gilbert, la meute de jolis bâtards anglais, le piqueur Sonne-Toujours et sa famille.

Dix-huit mois s'étaient écoulés depuis le départ du marquis Raoul ; — pendant ce laps de temps, le roi était monté sur l'échafaud, les émigrés déclarés hors la loi et soumis à la confiscation.

Le château de Pré-Gilbert fut mis en vente un matin comme bien national, et les acquéreurs se présentèrent en petit nombre et faisant de maigres offres, car il y avait peu de gens assez hardis pour oser aventurer leurs fonds en des ventes qu'une révolution nouvelle pouvait déclarer nulles et mettre à néant.

L'émotion fut vive dans la maison de Jean Guillé le piqueur et l'intendant du château. Claire se mit à pleurer et Rose frissonna : elle conçut cependant comme un mouvement de joie, il lui sembla que Raoul devenu pauvre serait moins éloigné d'elle.

Quant à maître Sonne-Toujours, il ne put apprendre sans un violent accès de colère qu'on allait vendre le château, couper les bois et désorganiser la meute. Avant tout, Jean Guillé était veneur ! Or les paysans des environs, bien que très-chauds partisans de la république, n'avaient pu en quelques jours s'habituer assez aux idées de fraternité, d'égalité que prêchaient les représentants de la nation, pour ne pas éprouver le besoin de témoigner leur sympathie, leur obéissance et leur respect à quelqu'un.

Les seigneurs de la contrée partis ou guillotinés, les intendants se trouvèrent être de grands personnages, des hommes influents qui faisaient dans le pays le beau temps et la pluie, s'exprimaient fort librement sur les événements politiques et étaient toujours à la tête du district, ce qui garantissait leur sûreté personnelle.

L'importance de maître Sonne-Toujours, déjà si grande au temps où ses mérites en vénerie étaient seuls en relief, s'accrut considérablement après le départ du marquis. On le nommait il est vrai, citoyen Guillé; mais on le saluait tout aussi bas que Raoul naguère. Il était devenu maire de Pré-Gilbert, il avait son franc parler à Auxerre, et insensiblement il commençait à goûter les nombreuses réformes de la révolution avec d'autant moins de remords qu'il continuait à chasser, courant tous les jours sous le prétexte qu'il fallait détruire le gibier des aristocrates. Le prétexte était bon, le district autorisa le citoyen Sonne-Toujours à faire résonner des puissants accords de sa trompe tous les bois du ci-devant marquis de Pré-Gilbert.

L'accès de colère qui s'empara de Jean Guillé en apprenant la mise en vente du château, fut moins le résultat de son attachement au marquis que l'effet de la pensée qu'il allait être expulsé du pavillon, et qu'on débiterait la meute aux plus offrants comme le plus vil bétail.

L'accès de colère si violent qu'il fût, finit pourtant par se calmer, et alors le citoyen Sonne-Toujours se prit à méditer, et sa méditation amena cette réflexion :

— J'ai pas mal de beaux écus bien enfermés dans de solides sacoches de cuir ; les écus sont rares par le temps d'assignats qui court ; mille francs de numéraire valent dix mille francs d'assignats : pourquoi n'achèterai-je pas le château pour le préserver de la déprédation, sauver les bois, la meute et la fortune du marquis, lorsqu'il reviendra, il me remboursera mon argent.

Le raisonnement était juste. Sonne-Toujours était un homme actif, intelligent et de résolution. Il intimida les uns, fit courir par les autres le bruit qu'il était fort riche, découragea par avance les acquéreurs qui comptaient pousser l'enchère, et le jour de la vente arrivé, il se présenta presque seul.

Le château, ses dépendances, meubles et immeubles, les capitaux, les bois, les prairies, tout ce qui constituait la fortune du marquis fut

16.

adjugé pour deux cent mille francs qu'il paya en assignats, après avoir acquis cette somme en papier avec vingt mille francs d'écus.

Le soir, le citoyen Jean Guillé, dit Sonne-Toujours, maire de la commune de Pré-Gilbert, membre du district, etc., fut déclaré possesseur légitime, propriétaire sans conteste du château, du bois et des fermes du ci-devant marquis de Pré-Gilbert.

En achetant les terres de son ancien maître, le piqueur était de bonne foi, il songeait sérieusement à les lui restituer un jour, et sa femme et sa fille n'avaient jamais compris autrement cette acquisition.

Mais Jean Guillé n'avait point compté sur la dangereuse ivresse de la possession ; sur les fumées d'ambition et d'orgueil qui allaient lui monter à la tête.

Le lendemain il visita ses limites et il éprouva un tressaillement de vanité en songeant que tout cela, vignes, forêts, champs, prairies et château, lui appartenait bel et bien de par la loi, qu'il l'avait payé et que rien ne le pourrait obliger à s'en dessaisir si la fantaisie de tout garder le prenait.

Le jour suivant, afin, pensa-t-il d'abord, qu'on ne fît aucune supposition malveillante et suspecte sur le motif qui l'avait poussé à se rendre acquéreur, le lendemain, disons-nous, il s'installa dans les appartements du château, au grand scandale de sa femme Claire et de sa fille Rose, qui levaient les yeux au ciel et semblaient lui demander grâce pour cette profanation.

Le troisième jour, Jean Guillé chassa. Il fit découpler sa meute dans le bois voisin, et il éleva aux fonctions de piqueur un simple valet de chiens, ne pouvant plus être piqueur lui-même, puisqu'il était devenu maître et chassait pour son propre compte. Jamais la futaie ne lui parut plus ombreuse, le taillis plus vivace et de meilleure venue, la meute plus ardente et plus infatigable.

La possession décuplait les jouissances de veneur du citoyen Sonne-Toujours.

Le soir au débotté, il trouva charmant d'avoir son souper servi dans la grand'salle à manger du château et de se coucher ensuite dans un vaste lit à colonnes torses et à baldaquin de soie. Il y dormit plus mal peut-être que dans le sien, dont il avait l'habitude, mais il ne s'en éveilla pas moins tout guilleret et tout dispos, bien résolu à courre le jour même, un daim dix cors, au mépris des lois sur l'égalité et la fraternité.

Au bout de huit jours, Jean Guillé se surprit à faire les réflexions suivantes :

— Après tout, le château de Pré-Gilbert m'appartient, puisque je l'ai payé... Je ne dis pas que si le marquis revenait... mais il ne reviendra pas. Voici plus d'un an qu'il n'a donné de ses nouvelles, et sans doute il a été tué à l'armée de Condé... Si cela était, je n'aurais pas le moindre remords, et d'ailleurs je n'ai rien volé ; je suis un honnête homme... Ce que j'ai m'appartient. Si je rendais son château au marquis, ce serait par pure obligeance...

Une fois entré dans le cercle de ces restrictions mentales, le citoyen Sonne-Toujours ne s'arrêta plus ; le lendemain, à la vue des plafonds écussonnés il songea charitablement que ces vestiges de l'aristocratie lui pourraient causer des désagréments et des taquineries. Il fit donc venir des ouvriers, leur ordonna de passer une couche de plâtre sur les armoiries du marquis, mais trouvant après cette opération que les plafonds étaient nus à l'œil, il ne put résister à la fantaisie de faire peindre son chiffre entrelacé au lieu et place des écussons.

Quelque temps après, il parut craindre d'être suspecté de fidélité à l'ancien régime, s'il conservait les serviteurs du marquis. Il les congédia jusqu'au dernier, et comme la république une et indivisible n'autorisait point la domesticité en France, il prit quatre *officieux* pour le servir.

Un peu plus tard, tandis qu'il dînait somptueusement, au mépris de la frugalité républicaine, il dit brusquement à sa fille :

— Rose, mon enfant, tu as vingt ans tout à l'heure ; il faudrait songer à t'établir.

— Et qui voudrait d'une pauvre fille comme moi ? demanda Rose avec une naïveté parfaite.

— Une pauvre fille, massacre de cerf ! exclama le nouveau châtelain, une pauvre fille ! mais tu auras trente mille livres de rente un jour, et tu te trouves une pauvre fille !

Claire et Rose se regardèrent avec stupeur.

— Eh bien, reprit le citoyen Sonne-Toujours, qu'y a-t-il là de bien surprenant ? Ma prairie du bord de l'eau rapporte mille écus, mes vignes de la côte donnent, bon an mal an, de douze à quinze mille livres, je puis couper à chaque mois de mars pour deux mille écus de bois, et les réserves, les champs, etc., s'élèvent bien à trois ou quatre mille francs de revenu. Or, quinze et trois font dix-huit, et six vingt-quatre, et quatre vingt-huit. Tu vois que nous ne sommes pas bien loin de compte.

— Mais, s'écria Rose, le marquis ?

— Le marquis est mort, c'est probable. D'ailleurs son bien est à moi ; je l'ai payé et je le garde.

— Mais c'est affreux !

— Tarare ! répondit Sonne-Toujours ; quand on a payé, on est chez soi. J'ai fait une bonne affaire, je n'en disconviens pas ; mais il n'est pas défendu d'avoir du bonheur, et si je n'avais acheté le château, il eût été pour un autre.

A partir de ce jour, maître Jean Guillé fort de son droit, se complut à faire des projets pour l'avenir : il tailla, rogna, ajouta, arrangea dans ses domaines ; il planta un parc, bâtit un corps de logis et augmenta le nombre de ses chiens. Il se prit à songer même que sa fortune lui permettait d'avoir quelque ambition politique, et il se promit de se mettre sur les rangs à la prochaine élection de représentants.

Puis comme la vanité humaine n'a pas de bornes, il pensa que la République pourrait bien finir par imiter la monarchie et qu'à l'exemple de Rome, elle créerait une noblesse nouvelle pour remplacer l'ancienne.

Le titre de baron eût séduit fort maître Sonne-Toujours. Mais comme il n'est pas de rêve sans réveil, de ciel sans nuage et de bonheur parfait, une préoccupation terrible empoisonnait l'opulente sérénité de l'ancien piqueur. Il craignait que la France, lasse enfin du joug sanglant de la Terreur, ne se soulevât un beau jour pour renverser la République et rappeler ses rois légitimes. Alors si le marquis n'était pas mort, lui, Jean Guillé, risquait fort d'être contraint de rendre gorge.

Cette affreuse pensée troublait le sommeil du pauvre homme et lui donnait le vertige. Dans ces moments là il se prenait à souhaiter que la guillotine fit des petits et se multipliât tellement qu'il ne restât pas un seul gentilhomme dans l'univers.

Or, un soir, on sonna à la grille du château, et Rose qui s'était approchée de la croisée, poussa un cri, devint pâle et chancela.

Aux dernières lueurs du crépuscule, Rose avait aperçu un mendiant, une sorte de gueux en haillons, la barbe et les cheveux longs, le visage hâve et souffrant.

— Mais ce mendiant, elle l'avait reconnu, et son cœur s'était pris à battre avec une telle violence qu'elle chancela et faillit s'évanouir.

Sa mère la soutint dans ses bras, tandis que Jean Guillé ému par ce cri qu'avait poussé son enfant, sautait sur un fusil à double coup déposé dans un coin, et se précipitait hors de la salle à manger pour savoir de quoi il était question.

Deux des officieux de maître Sonne-Toujours s'étaient dirigés avant lui vers la grille qu'ils avaient ouverte, et le maître du logis se trouva face à face avec le nouvel arrivant.

— Qu'est-ce que ce mendiant? s'écria-t-il avec colère, ce vagabond, ce gueux qui vient sonner à la porte d'une honnête maison à l'heure où les bons citoyens sont paisiblement retirés chez eux?

Et dans son emportement, maître Jean Guillé examina dédaigneusement les vêtements déchirés et souillés de l'homme qui se présentait.

— Jean! Sonne-Toujours!... s'écria ce dernier, tu ne me reconnais donc pas?

Au son de cette voix qui éveillait en lui tout un monde de souvenirs, maître Sonne-Toujours recula d'un pas et demeura bouche béante et l'œil hagard, comme s'il eût vu se dresser devant lui un fantôme, le spectre d'un homme qu'il aurait assassiné.

— Monsieur le...

Le mendiant lui ferma la bouche d'un geste.

— Citoyen Guillé, lui dit-il, j'ai à vous parler.

Et d'un regard il indiqua les deux officieux du nouveau châtelain.

Sonne-Toujours fit un geste impérieux aux valets qui s'en allèrent.

Alors le mendiant reprit :

— Jean, mon ami, je viens de loin, j'ai soif et j'ai faim : donne-moi à manger et à boire, après nous causerons.

Et il se dirigea vers la porte d'entrée du château, se croyant suivi par Sonne-Toujours.

Mais Sonne-Toujours ne bougeait; il était à la même place, muet, immobile et comme frappé de la foudre.

Sur le seuil, le mendiant se trouva face à face avec Rose et sa mère.

Rose poussa un nouveau cri et lui sauta au col.

— Raoul ! murmura-t-elle, M. Raoul, est-ce vous ?

— Monsieur le marquis, notre bon maître ! exclama la pauvre Claire qui pleurait et tremblait d'émotion.

— Oui c'est moi, mes amis, répondit tout bas le marquis de Pré-Gilbert, touché de cet élan, c'est moi : mais parlez bas.

Les deux femmes l'entraînèrent dans la salle à manger, fermèrent les portes soigneusement,

17

comme si elles avaient redouté qu'on ne leur vînt arracher le proscrit sur l'heure pour le conduire à l'échafaud, et là elles se jetèrent à ses genoux, baisèrent ses mains, l'accablèrent de caresses.

Rose roula un fauteuil au bout de la table, à la place d'honneur, cette place où Raoul prenait jadis son repas solitaire, et elle lui dit de sa voix jolie, à laquelle la joie et les larmes ajoutaient une harmonie de plus :

— Mettez-vous là, monsieur le marquis, vous avez faim, vous avez soif, buvez et mangez; vous êtes toujours chez vous.

Claire détourna la tête et versa une larme. Elle redoutait l'entêtement de son mari.

— Hélas non, mes amies, répondit Raoul, je ne suis plus chez moi, mais chez vous.

— Nous verrons bien... murmura Rose... Mon père est un honnête homme... et...

— Ton père, mon enfant, a acheté et payé mes biens; ces biens sont à lui, je ne les réclame pas.

Claire se prit à fondre en larmes; mais Rose qui était une fille de résolution et de cœur, fronça ses blonds sourcils avec une expression de colère toute olympienne, et elle répéta :

— Nous verrons bien !

En ce moment, la porte s'ouvrit brusquement, et maître Sonne-Toujours apparut sur le seuil. De pâle qu'il était naguère, le petit homme était devenu tout rouge, son œil brillait d'un feu sombre; sa démarche brusque, son geste fiévreux et saccadé contrastaient étrangement avec son immobilité de tantôt.

Sonne-Toujours paraissait en proie à un accès de folie furieuse.

— Massacre de cerf! disait-il, la République une et indivisible, que l'Etre-Suprême la conserve, la République a une mansuétude réellement ridicule. Elle laisse les aristocrates, les ennemis de la patrie pénétrer dans son sein et s'y réchauffer à leur gré.

Les deux femmes joignirent les mains et levèrent les yeux au ciel.

— Le citoyen Robespierre, poursuivit Sonne-Toujours avec exaltation, protége cette race maudite, — la chose est évidente, — s'il ne la protégeait pas, verrait-on des ci-devants venir frapper à la porte d'un bon et loyal patriote tel que le citoyen Jean Guillé?

Raoul écoutait avec stupeur.

— Après tout, poursuivit Sonne-Toujours revenant à une idée fixe, les biens des aristocrates ont été légalement vendus par la nation, ceux qui les ont acquis en sont bien les légitimes propriétaires, et si les tyrans eux-mêmes revenaient, ils n'y pourraient rien.

— Eh! qui diable te parle de me rendre mes biens, mon pauvre Jean? s'écria le marquis, devinant enfin le secret mobile du patriotisme écarlate de son ancien piqueur. Sois tranquille, mon ami, je ne te demande qu'à souper.

A ces paroles froides et un peu railleuses, Sonne-Toujours recula et regarda le marquis :

— Vrai? fit-il avec un accent de joie qui fit monter au front des deux femmes la rougeur qui naît de la honte.

— Très-vrai, répondit Raoul avec calme.

— Ainsi vous ne venez pas pour... me dépouiller?

— Je n'y ai nullement songé.

— Vous me laisserez mon château? demanda le piqueur avec l'accent de naïve angoisse d'un enfant qui sollicite un jouet auquel on le promet sans hésiter, et qui n'y peut croire tant il redoutait de ne point l'obtenir.

— Je te laisserai ton château, tes bois, tes vignes, tes prairies, dit tranquillement Raoul.

Le mouvement de joie, l'accès de cupide ivresse qu'éprouva Jean Guillé fut tel à ces paroles, qu'il faillit se précipiter aux genoux de son ancien maître, et eût toutes les peines du monde à se souvenir que la République française et M. de Robespierre avaient interdit aux patriotes toute démonstration servile qui pût rappeler les tyrans.

— J'ai toujours pensé que vous étiez un honnête homme, dit-il au marquis d'un ton burlesquement digne, et que vous ne voudriez point vous approprier le bien d'autrui.

Le marquis réprima un sourire, les deux femmes un geste d'indignation et de pitié.

— Mon bon ami, dit Raoul à Sonne-Toujours, tu me permettras, je l'espère, de t'expliquer mon retour et son but. Je vais le faire pendant que tu activeras ton souper, que j'ai interrompu. Mettez-vous donc à table, mes amis.

Les deux femmes ne bougèrent, et continuèrent à demeurer derrière le marquis. Sonne-Toujours lui-même hésita un moment à s'asseoir à la table de son ancien seigneur; mais il se souvint qu'il était membre du district, maire de la commune de Pré-Gilbert, qu'il possédait de vingt-huit à trente mille livres de rente, et alors il n'hésita plus. Il se mit bravement à table et osa regarder le marquis en face.

— Mon pauvre Jean, reprit celui-ci, tu es

devenu républicain, partisan de M. de Robespierre et de la Convention, membre du district, maire de Pré-Gilbert, que sais-je? Ceci est affaire d'opinions, et Dieu m'est témoin que peu m'importe ta manière de voir en politique. Mais j'aime à croire qu'en changeant de foi, de maîtres et d'idoles, tu n'as point tellement rompu avec le passé, que tu aies oublié nos campagnes de chasse, ta belle réputation de veneur, et ton vigoureux coup de trompe n'a pu être réduit à un éternel silence.

Ces paroles réveillèrent les instincts de Sonne-Toujours.

— Ah! ah! dit-il avec une orgueilleuse satisfaction, vous verrez ma meute, citoyen marquis, et vous en jugerez.

— Pouah! fit le marquis, appelle-moi Raoul tout court, mais non citoyen. Ce mot me hurle aux oreilles.

— Excusez-moi, dit Jean Guillé, c'est une affaire d'habitude.

— Tu n'as donc pas conservé mes chiens?

— Si fait, mais j'en ai acheté d'autres... des chiens de la race *céris* de Saintonge, tout ce qu'il y a de plus beau et de mieux engorgé : robe blanche et feu orangé, jambes nerveuses, pied lent, pendants magnifiques, voix du diable. Quand ces braves bêtes poussent un sanglier à pleine gorge, on les entend d'Avallon et de Clamecy.

— A merveille, murmura Raoul dont l'œil commençait à s'allumer.

Puis il continua avec calme :

— Figure-toi donc, mon ami, que je reviens ici comme un homme malade, un Breton qui a besoin de revoir ses landes natales, un veneur réduit à l'inaction. J'ai le mal de chasse du pays.

— Plaît-il, fit Jean Guillé qui ne comprenait nullement.

— Ecoute-moi ! En Allemagne on fait des chasses que nous n'eussions jamais osé rêver dans notre meilleur temps ; le gibier vous grouille dans les jambes de l'autre côté du Rhin, les cerfs vont par bandes et les daims par compagnies. On y renonce à tirer le lièvre et on dédaigne de courir le chevreuil, ce maître ès-ruses, ce professeur de randonnées savantes. On force l'élan et l'ours avec des chiens plus grands que nos loups, et tuer sa douzaine de faisans en deux heures est une récréation qu'on dédaigne habituellement.

— Massacre de cerf ! exclama Sonne-Toujours, voilà un pays à mettre sous verre.

— Eh bien! reprit tristement Raoul, j'aime mieux nos chasses de l'Auxerrois.

— Peuh! fit Sonne-Toujours avec suffisance, on y fait quelques beaux coups; mais je donnerais mon château.

— Pour courir un élan, peut-être?

— Peste!

— Te souviens-tu, continua Raoul, lorsque mon cousin de Ch... ou le baron de H... nous invitaient à aller faire une saint Hubert en Morvan?

— Sans doute, monsieur le marquis.

— Nous y avons eu de belles journées, car le Morvan est encore un plus beau pays de chasse que l'Auxerrois. Eh bien! malgré tout, quand nous revenions après avoir forcé un cerf dix cors, nous nous levions plus gaîment le lendemain pour courre un chevreuil.

— C'est vrai.

— Mon pauvre ami, vois-tu, rien ne vaut la chasse du pays natal. Tuer une perdrix sur le revers du coteau qu'on voit de sa fenêtre est un plaisir plus grand que faire coup double sur des faisans en terre étrangère. Ce sentiment-là a tellement grandi en moi, il m'absorbait et me dominait à un tel point que j'ai risqué vingt fois ma vie pour venir ici chasser encore un peu sur tes terres.

— Je comprends cela, dit Sonne-Toujours.

— Aussi comme il eût été imprudent de demander des passeports et de voyager en plein jour, j'ai laisser pousser ma barbe, j'ai endossé la livrée de la misère, implorant çà et là la charité publique pour n'éveiller aucun soupçon, dormant pendant la journée dans une grange à foin, au revers d'un fossé, marchant pendant la nuit et sentant ma tristesse s'en aller à mesure que j'approchais de nos coteaux. Il y a une heure, là-haut, dans un chaume, j'ai fait lever un lièvre dans mes jambes. Mon cœur s'est pris à battre... j'ai cru que j'allais manquer de force pour arriver.

Sonne-Toujours comprenait et ressentait si bien lui-même ces émotions, qu'il avait presque oublié que l'homme qui était devant lui pouvait le dépouiller si les tyrans revenaient un jour.

— Enfin me voilà, reprit Raoul, me voilà chez toi, en tes mains, à ta discrétion. Je suis hors la loi, inscrit sur la liste des émigrés, tu peux me faire guillotiner si tel est ton bon plaisir, d'autant mieux que tu es maire de ta com-

17.

mune, et que tu peux invoquer pour excuse le mot de devoir.

La nation a confisqué mes biens et les a vendus; tu les a achetés, ils sont bien à toi, je n'ai rien à redire et ne réclame rien. Ainsi rassure-toi, je n'aurai garde de troubler ta joie et ta paix de riche propriétaire. Mais tu ne refuseras pas de me cacher quelque part, dans les combles du château, si tu veux, et de me laisser chasser sur ces terres qui m'appartinrent jadis.

— Ah! mon cher seigneur, murmura Claire avec transport, vous loger dans les combles?

— Les chasseurs sont bien partout, ma bonne Claire, répondit Raoul avec douceur.

— Mais vous êtes chez vous, continua-t-elle : la plus belle chambre du château est pour vous, la place d'honneur à table pour vous.

— Hein? fit Jean Guillé, qu'est-ce que tout ce bavardage, femme?

— Claire oublie toujours qu'elle est chez elle, dit le marquis.

— Massacre de cerf! je le crois bien qu'elle est chez elle, cela m'a coûté assez de beaux écus, s'il vous plaît?

Et Sonne-Toujours se rengorgea et se donna un maintien important.

— Ah! mon Dieu! exclama la pauvre femme, la République a fait bien des malheurs.

— Pardon, interrompit durement le maire de Pré-Gilbert, tout cela ne vous regarde point, madame Guillé.

Le marquis se prit à sourire.

— Mon père, dit Rose gravement, je suis une fille respectueuse, et Dieu me préserve de vous adresser de dures paroles. Cependant...

— Cependant, quoi!

— Je veux dire que votre fortune vous tourne la tête au point de vous rendre ingrat.

— Plaît-il, mam'zelle?

— Oui, fit-elle avec fermeté, vous êtes si enflé de la possession des biens de M. le marquis que vous oubliez que vous fûtes longtemps à son service, que même vous y êtes né et que lui et ses pères vous comblèrent d'amitiés et de bienfaits.

Ce direct et sanglant reproche alla au cœur de maître Sonne-Toujours, il rougit et balbutia :

— Monsieur le marquis sait bien qu'il est chez lui, et que tout ce que je possède...

— Merci, mon ami, répondit Raoul, touché de la confusion du bonhomme.

— Mais, ajouta aussitôt l'ancien piqueur, monsieur le marquis est trop juste, trop honnête citoyen... pardon, je voulais dire trop honnête homme, pour ne pas comprendre que la nation, en confisquant les biens des nobles, était dans son droit, et que ceux qui les ont achetés...

— En sont les propriétaires fort légitimes, dit Raoul.

— A la bonne heure! voilà qui est parler convenablement et comme un bon citoyen.

— Mon cher Jean, je t'ai dit déjà...

— Pardon, monsieur le marquis, cela ne m'arrivera plus, je vous le promets.

— Ainsi, tu m'offres l'hospitalité.

— Pardienne! puisque vous ne réclamez rien.

— Monsieur le marquis, vous êtes ici chez vous; demeurez-y tant que cela vous plaira; choisissez tel appartement du château qui pourra vous convenir, et Dieu... pardon, l'Etre-Suprême aidant, nous ferons encore plus d'une belle chasse.

— Bravo! Jean, tu es brave homme, au fond, et j'attendais cette offre de toi.

— Si mon père savait combien il est ridicule et odieux dans son rôle de gros seigneur, il irait se jeter dans l'Yonne, pensait Rose.

— Mon Dieu! se disait Claire en même temps, faut-il donc voir le monde renversé à ce point que le serviteur marchande à son maître l'hospitalité.

— Mais vous m'assurez bien... demanda le soupçonneux propriétaire du manoir et des futaies de Pré-Gilbert.

— Je t'assure, articula froidement le marquis, que je n'y songe nullement.

— D'ailleurs, comprenez bien, monsieur le marquis, que pour déposséder un homme...

Raoul impatienté haussa les épaules.

Sonne-Toujours n'y prit garde, et poursuivit son raisonnement plein d'arguties :

— Pour déposséder un homme, voyez-vous, monsieur le marquis, il faut un jugement ; pour obtenir ce jugement, il faut invoquer l'appui de la loi, et la loi ne peut pas se condamner elle-même puisque c'est elle qui a ordonné la vente des biens d'émigrés.

— C'est parfaitement raisonné, mon pauvre Jean, mais à quoi bon te donner tant de peine pour convaincre un homme convaincu.

— Ah! dame, monsieur le marquis, il est toujours bon d'établir ses droits. En Normandie, où je suis allé chercher des chiens, le mois dernier, tout le monde est de cet avis, et j'y ai vu un avocat, dans ce pays-là il y en a beaucoup, qui disait très-nettement que le meilleur moyen de prouver son droit, était d'avoir un bon petit danger à suspendre sur la tête de ceux qui seraient d'avis de le contester.

— Ah! ah! fit joyeusement le marquis, lequel avait une assez belle humeur lorsqu'il devait chasser le lendemain, et commençait à s'amuser fort de la grotesque importance de maître Sonne-Toujours, et quel est ce péril, maître Jean?

Jean parut embarrassé, tellement la question était directe : mais Jean Guillé était trop persuadé de son importance et de sa valeur pour être embarrassé longtemps; il répondit donc avec assurance :

— Autrefois, monsieur le marquis, du temps de l'ancien régime, le roi était tout puissant et les nobles fort respectés. Il ne fallait pas être gentilhomme si on avait la fantaisie d'être pendu, vu que les gentilshommes étaient décapités.

— C'était leur droit, dit fièrement Raoul.

— Or, voyez-vous, M. le marquis, la République, en proclamant les droits de l'homme, a voulu qu'ils fussent tous égaux, et elle a institué la guillotine pour tous, nobles ou roturiers... elle a même, la guillotine, une préférence marquée pour les nobles.

— C'est-à-dire que tu me ferais guillotiner, si tu pensais que j'eusse à élever quelque réclamation à l'endroit de mes biens?

Sonne-Toujours ne répondit pas.

— Maître Guilié, dit Raoul avec hauteur et se levant d'un air froid et digne, tâchez donc, je vous prie, de ne point vous approprier par la menace ce que nul ne songe à vous réclamer. Je vous ai connu honnête homme jadis, vous n'avez pas besoin d'essayer de ne plus l'être pour conserver ce que personne ne vous veut arracher.

Et Raoul fit un pas pour sortir de la salle. Le sang du gentilhomme parlait en lui, à cette heure, plus haut que la voix de sa passion favorite.

Mais, au moment où il gagnait la porte, Rose se précipita vers lui et lui barra le passage.

— Monsieur le marquis, dit-elle humblement, vous êtes libre de quitter cette maison qui fut à vous, dont les buveurs de sang, que mon père préconise, vous ont dépouillé, et que lui, mon père, a achetée pour une poignée d'écus; mais vous ne partirez pas sans que ma mère et moi vous suivions, car ni elle ni moi ne voulons être dans l'aisance lorsque notre ancien seigneur, celui dont nous avons mangé le pain pendant tant d'années, et au service duquel mon père et les siens amassèrent le peu qu'ils possédaient, sortira pauvre et comme un proscrit de la demeure de ses pères.

Sonne-Toujours se leva, en proie à un accès de colère, mais un geste impérieux de sa fille, un geste rempli de dignité et de noblesse, le cloua à sa place.

— Mon père, lui dit-elle alors, faites donc des excuses à M. le marquis si toutefois il veut bien les accepter.

Raoul ne répondit pas, mais il prit la main de la jeune fille et lui mit un baiser sur le front. Ce baiser était le pardon du père que le noble jeune homme accordait à l'enfant.

Maître Guillé éprouva alors comme un remords de ses cyniques paroles, il s'approcha de Raoul le chapeau à la main et lui dit :

— Monsieur le marquis, je suis un bavard incorrigible, quand j'ai la tête montée par nos petits vins, et il me semble toujours que je suis à Auxerre, au club de l'Egalité, où on parle tant et tant de la guillotine, qu'on finit par rêver tout rouge pendant chaque nuit. Si j'ai dit un mot qui vous ait déplu, je suis prêt à vous en faire mes humbles excuses.

— Mon pauvre Jean, répondit le marquis avec douceur, je te pardonne d'autant plus aisément que ton pardon m'est demandé par la plus jolie fille du pays bourguignon. Maintenant laisse-moi te bien rassurer ; je n'ai ni les moyens, ni la volonté surtout de te troubler dans ta joie de possession. Ce que tu as est à toi, garde-le. Ce n'est pas toi, mais la nation qui m'a volé. Par conséquent, si jamais j'avais la faculté de réclamer, ce serait à elle que je m'adresserais. Or comme je suis proscrit, que la seule prétention que je puisse avoir est de mettre tout en œuvre pour soustraire ma tête au charmant jouet de M. de Robespierre, et que mon seul but, en venant ici, était de pouvoir chasser encore là où j'ai chassé pendant toute ma vie, laisse-moi te proposer un arrangement.

Ce mot d'arrangement, malgré les paroles rassurantes du marquis, donna un frisson à Jean Guillé.

— De quoi s'agit-il ? murmura-t-il avec anxiété.

— Lorsque je suis parti, reprit Raoul, je t'ai chargé de faire rentrer quelques sommes.

— C'est vrai, monsieur le marquis, et j'ai environ dix mille écus à vous.

— C'est bien ce que j'avais calculé.

— Dix mille écus au denier cinq font quinze cents livres de rente.

— Comme dirait Barême, monsieur le marquis.

— Tu es avare, continua Raoul, mais tu es honnête selon la lettre de la loi. Donc, je me fie à toi.

— Vous avez raison, M. le marquis, je ne défends que mon bien.

Raoul réprima de nouveau un sourire.

— Donc, je place ces dix mille écus chez toi, et tu m'en servira le revenu.

— Je suis à vos ordres, monsieur le marquis.

— Tu me logeras et me nourriras, tu me laisseras chasser chez toi et t'accompagner lorsque tu découpleras un de tes équipages, et je te paierai ma pension à raison de cent livres par mois.

— Massacre de cerf! je ne veux pas de cela, monsieur le marquis, s'écria Sonne-Toujours, que la probité austère et simple de Raoul émouvait.

— Pardon, répondit celui-ci avec une fermeté fière, quoique sans aigreur, tu sais bien, mon ami, que les Pré-Gilbert, en dépit des révolutions, sont des gens de noble race et qu'ils ont coutume de ne rien devoir à personne. Donc, je te paierai cent livres par mois. Il m'en restera vingt-cinq pour mes menus plaisirs... pour acheter à ma petite Rose quelques-uns de ces colifichets qu'elle acceptait de moi, jadis, avec tant de plaisir.

Rose jeta à Raoul un regard d'orgueilleuse satisfaction et sembla lui dire :

— C'est bien, marquis, c'est très-bien !

— Un gentilhomme est assez riche de quinze cents livres de revenu, ajouta Raoul avec mélancolie, surtout lorsque son roi est mort de la main des bourreaux et que les princes mangent le pain noir de l'exil.

Puis il se leva de nouveau et dit simplement :

— J'ai fait quinze lieues à pied, je meurs de lassitude. Rose, veux-tu prendre un flambeau et me conduire à ma chambre?

Rose obéit et précéda le marquis. Elle le conduisit à l'appartement qu'il occupait jadis. La noble enfant avait su faire respecter cette pièce et la protéger contre la manie de bouleversement et de réparations qui possédait son père. Le plafond n'était point veuf, comme dans les autres, de son écusson, et Raoul retrouva tout ce qu'il avait laissé à son départ.

Un moment absorbé par de pénibles souvenirs, le jeune homme oublia Rose et demeura immobile au milieu de la pièce; mais Rose se mit à ses genoux, et lui dit les larmes aux yeux :

— Raoul, monsieur Raoul, oh ! pardon pour l'infamie de mon père... oh ! pardon, il est fou et ne sait ce qu'il fait.

Raoul releva Rose, et en la relevant il la regarda ; pour la première fois peut-être il s'aperçut qu'elle était belle ; — en même temps il éprouva comme une commotion électrique au cœur, et il devina son amour.

Raoul était parti enfant, il revenait homme, et il comprenait la portée d'un regard.

Or, dans le regard qui fut échangé entre eux, les deux enfants échangèrent leur âme tout entière, et Rose s'enfuit, éperdue, — étouffant un sanglot.

Le marquis se mit au lit, persuadé qu'il allait fermer les yeux aussitôt, et dormir tout d'une traite jusqu'au jour : il se trompait ; le sommeil ne vint point, l'image de Rose sembla s'asseoir à son chevet et lui commander l'insomnie.

Raoul avait alors près de vingt ans, mais à peine savait-il les premiers bégaiements, possédait-il les premières notions de l'amour.

Son enfance passée à la campagne, parmi des natures simples et franches, loin du souffle corrupteur de la cour et des villes, n'avait atteint l'âge d'homme qu'à cette heure solennelle où la noblesse de France dut renoncer à l'amour, au bien-être, aux heures charmantes du repos et des rêves d'avenir, pour soustraire sa tête au fer de la guillotine, tirer l'épée, défendre et essayer ensuite de venger son roi.

En quittant Pré-Gilbert, Raoul ne songeait encore qu'aux innocentes et rudes émotions des fils de Saint-Hubert. Quand il revint de Coblentz, il n'avait guère acquis que des théories vagues, et cet instinct confus mais déjà vivace qui s'implante au cœur de l'homme et lui murmure que la femme est, en ce monde, le premier mobile peut-être de ses actions, de ses vœux, de ses aspirations vers l'avenir.

La vue de Rose, ce pressentiment secret qu'il éprouva de l'amour de la jeune fille, fut toute une révélation chez lui.

Rose l'aimait!

Elle l'aimait autrement qu'un frère et un bienfaiteur; elle l'aimait comme la femme aime l'homme qu'aucun invincible obstacle ne sépare d'elle; elle l'aimait peut-être encore comme celui entre lequel et soi-même s'interpose une barrière infranchissable, tant la femme est séduite par la poésie du désespoir.

Il se souvint alors de mille circonstances passées pour lui inaperçues, de mille riens charmants qui n'eussent certainement point échappé à un homme moins ignorant des mystères de la vie et du cœur.

L'enfance de Rose passa tout entière devant ses yeux, et dans ses larmes et ses sourires de petite fille, dans ses coquetteries mutines, dans ses puérils dépits, il lut et comprit dix années d'amour qui lui avaient échappé. Les moralistes ne seront peut-être pas tous de notre avis, mais il est bien certain cependant que la pensée et le mot de mariage sont toujours loin de l'imagination de ceux qui, pour la première fois, viennent à songer à l'amour.

Rose apparut à Raoul comme nous apparaît cette première idole rêvée longtemps par notre cœur à l'insu de notre esprit ; et Raoul oublia, ou plutôt il ne songea point une minute que Rose était la fille de son intendant, partant d'une condition essentiellement inférieure à la sienne, qui lui interdisait toute pensée, tout projet d'union pour l'avenir.

Il ne vit et ne comprit qu'une chose, c'est que Rose l'aimait et qu'il allait aimer Rose. Toute autre pensée, coupable ou non, demeura loin de son esprit. Quant à sa fortune perdue, à son château passé aux mains avides de Sonne-Toujours, à sa position redoutable et critique de proscrit, aux périls immenses qu'un mot imprudent, une délation de la part d'un domestique lui pouvaient faire courir, il n'y songea.

Cependant, comme les angoisses de l'âme finissent toujours par s'incliner devant les lassitudes du corps, ce qui est un signe infaillible de la faiblesse de notre nature, Raoul qui avait cheminé toute la journée et qui était brisé de fatigue, finit par s'endormir.

Peut-être rêva-t-il à Rose, mais il s'endormit. La voix sonore du citoyen Jean Guillé l'éveilla au point du jour.

— Allons, monsieur le marquis, disait-elle, le bois est fait, la bête détournée, les chiens sont couplés et hurlent sous le fouet, il faut partir !

Raoul avait fait des rêves si doux où Rose était mêlée sans doute, qu'il fut un moment le jouet d'une étrange et charmante illusion. Il crut avoir eu le cauchemar, et s'imaginant que la terreur, Coblentz, l'armée de Condé n'étaient qu'un songe, il se crut encore à ce temps heureux où Sonne-Toujours, avec sa veste de piqueur, le venait éveiller et sonnait le boute-selle.

L'illusion s'évanouit lorsqu'il vit entrer le nouveau propriétaire de Pré-Gilbert en galant justaucorps de chasse et bottes à l'écuyère, comme il était vêtu autrefois, lui Raoul.

Le citoyen maire de Pré-Gilbert avait eu à soutenir, la veille au soir, après la retraite du marquis, un rude assaut contre sa femme et sa fille.

Les deux femmes, s'armant de courage, invoquant l'honneur, la reconnaissance, la dignité personnelle et la mémoire du passé, tous ces nobles guides de l'homme dans le chemin de la vie, lui avaient reproché son odieuse et burlesque conduite.

Jean Guillé, on le devine, était demeuré sourd à l'endroit de la restitution des biens du marquis, mais il avait reconnu ses torts sur tous les autres faits et racheté, provisoirement du moins, la paix du ménage, en jurant d'être respectueux et pleins d'égards pour son ancien maître.

La nuit porte conseil ; Jean Guillé avait fort réfléchi sur l'oreiller ; et la conclusion obligée de ses réflexions avait été celle-ci : à savoir, que pour que lui, Guillé, eût la conscience en repos et pût jouir en paix de cette grande fortune qu'il devait au hasard, lequel l'avait fait riche en appauvrissant le marquis, il devait plaindre de toute son âme son ancien seigneur, lui témoigner une respectueuse sympathie, et agir avec lui comme s'il était encore son piqueur, et que lui, Raoul, eût conservé ses biens et son titre de seigneur châtelain de Pré-Gilbert.

L'ancien intendant, cette résolution prise, s'était paisiblement endormi du sommeil des justes, et sans le moindre scrupule, après avoir ordonné toutefois à son piqueur d'aller détourner un daim dans le bois voisin, et fixé le lieu du rendez-vous de chasse.

Au matin donc, maître Jean Guillé, dit Sonne-Toujours, entra dans la chambre de Raoul et l'éveilla. Raoul sauta à bas du lit, prit dans sa garde-robe demeurée intacte, des habits convenables pour remplacer ses haillons de la veille, reçut l'ancien piqueur avec un sourire, et se trouva prêt en dix minutes.

— Nous avons un daim superbe à courir, dit Sonne-Toujours, un dix cors, monsieur le marquis !

— Oh ! oh ! fit Raoul joyeux et redevenant veneur.

— Nous ferons une belle journée, je vous jure.

— Tant mieux, morbleu !

— Et nous aurons un cuisseau de venaison à dîner, je vous en réponds.

Puis, envisageant le marquis :

— Vous avez bien fait, lui dit-il, de laisser pousser votre barbe ; il faut vous regarder de bien près pour vous reconnaître ; et quoique, ajouta t-il en se regorgeant, j'aie quelque influence au district, et puisse à la rigueur, vous protéger contre tout péril, il vaut mieux qu'on ignore votre présence à Pré-Gilbert. Je tiens à me maintenir dans l'esprit du citoyen Robespierre. C'est un homme qui a des idées à lui, et qui n'est pas du goût de tout le monde, j'en conviens, mais je vous réponds qu'il a du bon, malgré ça.

Raoul fronça le sourcil et ne répondit rien.

— Or donc, monsieur le marquis, je vous ai fait passer, aux yeux de mes officieux, pour un mien cousin qui avait fait comme l'enfant prodigue, afin d'expliquer vos haillons, et devant eux je vous donnerai simplement le nom de Raoul, quoique pour moi, et n'en déplaise à mon ami le citoyen Robespierre, vous soyez toujours le marquis de Pré-Gilbert.

— C'est bien, dit Raoul.

— Par conséquent, chassez en paix, nul ne vous troublera ici.

Le ton respectueux de Sonne-Toujours inspirait au marquis une pitié sympathique pour ce pauvre diable de millionnaire, qui voulait à tout prix conserver ses trésors.

Il le suivit à la salle à manger, où Rose avait préparé la halte du matin.

Les deux jeunes gens rougirent l'un et l'autre en se regardant, et Raoul monta à cheval, dix minutes après, avec moins d'ardeur qu'on eût dû le supposer de la part d'un homme qui avait bravé l'échafaud et fait trois cents lieues à pied pour venir chasser.

Malgré sa résolution d'être plein d'égards et de respect pour son ancien maître, Sonne-Toujours oublia plusieurs fois, pendant les épisodes de cette journée de chasse, qu'il est inutile, du reste, de raconter, le serment qu'il avait fait à sa femme et à sa fille. Plusieurs fois, il se laissa aller à des tirades républicaines au moins choquantes pour le marquis, à des bouffées de vanité sur sa fortune et ses vastes domaines qui durent faire éprouver à Raoul un sentiment de profonde amertume.

Mais on ne se refait point à cinquante-deux ans, et Sonne-Toujours avait le défaut d'être vaniteux et vantard.

Le daim détourné fut couru, forcé et pris en

quelques heures ; les veneurs revinrent au château vers la brune : le citoyen Guillé radieux et triomphant comme un parvenu à qui tout vient à souhaits, Raoul mélancolique et pensif comme l'homme amoureux pour la première fois.

Nous n'entreprendrons pas de raconter jour par jour et heure par heure la nouvelle existence que Raoul commença à Pré-Gilbert, dans cette maison de ses pères, passée entre ses mains, et dont il n'était plus que l'hôte. Dans le pays on aimait le jeune homme. Ceux qui le reconnurent, et il y en eût beaucoup, gardèrent religieusement le secret de son retour ; il ne fut donc pas inquiété. Nous nous bornerons donc à esquisser sommairement les détails indispensables à l'intelligence de notre récit.

Raoul était d'une philosophie peu commune, philosophie dont, cependant, la noblesse d'alors donna des preuves nombreuses dans les prisons et sur les marches de l'échafaud.

Il s'était résigné à la perte de ses biens, il n'avait pas de famille, peu lui importait la pauvreté. Vivre de l'air natal, chasser sur les terres où s'écoula son enfance, tel avait été d'abord son unique vœu, et il était rentré dans sa maison, devenue celle de Sonne-Toujours, sinon avec calme et indifférence, au moins avec la résignation et la force d'âme des grands cœurs.

Cependant il eut quelque peine à s'accoutumer au jargon tout nouveau, à l'importance de fraiche date de maître Jean Guillé qui s'était si bien habitué à l'opulence et à ses fonctions de magistrat qu'on eût juré qu'il n'avait jamais connu d'autre condition.

Aussi Raoul voyait-il le moins possible son ancien piqueur. Quand ils chassaient ensemble, il enfonçait l'éperon aux flancs de son cheval, piquait à gauche lorsque Jean Guillé prenait à droite, et se rendait toujours à l'hallali par un autre chemin.

Le plus souvent, le jeune marquis prenait un fusil, sifflait un chien d'arrêt et broussaillait modestement les coteaux des environs, tirant des perdrix et des lièvres au déboulé.

Au reste, il éprouvait un besoin impérieux de solitude depuis quelque temps, — il se plaisait dans un isolement absolu, et rêvait.

Cette rêverie, cet isolement, était la conséquence forcée de la métamorphose qui s'était opérée en lui. Il aimait Rose ; il ne le lui disait, il ne se l'avouait même pas.

Il ressentait une joie indicible à se trouver seul avec elle, le soir, aux approches du crépuscule, tandis que Claire veillait aux soins du ménage, et que le citoyen maire de Pré-Gilbert sonnait un hallali, courant au loin sous la futaie.

Alors c'était plaisir et merveille de voir ces deux enfants se regarder et se parler bas de choses insignifiantes la plupart du temps, car jamais ni l'un ni l'autre ne prononçait un mot d'amour. Mais l'amour se trahissait dans leurs gestes, dans le son de leurs voix dans leurs moindres actions.

Cet amour n'échappa bientôt plus à Claire, la mère clairvoyante ; et la pauvre femme, qui ne savait plus à quel saint se vouer pour ramener son mari à des sentiments de reconnaissance et d'équité, se prit à concevoir l'espérance que le marquis oserait peut-être descendre jusqu'à sa fille, et qu'ainsi on lui pourrait rendre sa fortune.

Plusieurs fois même elle essaya de vaincre sa timidité naturelle, car elle tremblait devant le terrible maire de Pré-Gilbert, comme ces feuilles jaunies que roulait le vent de novembre dans la cour du château, mais au dernier moment la force lui manquait, elle n'osait plus... D'ailleurs, maître Sonne-Toujours, rassuré sur les intentions du marquis, après avoir été de

belle humeur et guilleret pendant la première
quinzaine du séjour de Raoul au château ; maître Sonne-Toujours, disons-nous, était redevenu
sombre, taciturne, inquiet... il avait des accès
d'humeur noire qu'il n'osait faire retomber sur
le marquis, mais dont souffraient sa femme et
sa fille, souvent il se prenait à accuser la Convention de mollesse et le citoyen Robespierre
d'inertie. « Les ennemis de la patrie, disait-il
souvent, ont un trop libre accès sur le territoire
de la république. »

L'inquiétude du pauvre homme, cette inquiétude qui le poussait à la férocité, avait pris sa
source un matin dans une réflexion subite qui
lui traversa le cerveau.

Le marquis, se dit-il, est un honnête garçon
et il n'a pas l'intention de me dépouiller, au
moins pour le moment, c'est clair, mais les
temps peuvent changer. Voici qu'on vient de
rendre la fille de Louis XVI, le dernier enfant
des tyrans demeuré sur le sol français, à son
oncle l'Empereur d'Autriche ; je suspecte le citoyen Robespierre de vouloir renverser la république pour rappeler la monarchie.

A cette pensée, le citoyen maire de Pré-Gilbert
frissonna de tous ses membres.

— Et, poursuivit-il, si la monarchie revenait,

grand Dieu! je serais un homme perdu, un homme dépouillé, ruiné, réduit à l'aumône, un gueux qui s'en irait par les routes en mendiant son pain. Car, enfin en admettant que le marquis ne réclamât rien, d'autres réclameraient pour lui ; ses voisins reprendraient possession de leurs châteaux, et il finirait par imiter ses voisins. D'ailleurs, si le roi revenait, je serais obligé de fuir, moi qui suis un patriote, bon républicain, si je ne fuyais pas on me pendrait, et quand on m'aurait pendu...

Jean Guillé s'arrêtait forcément à cette horrible pensée qui hérissait ses cheveux, puis il continuait avec un soupir déchirant :

— Et si on ne me pendait pas, on me forcerait toujours à restituer, comme si je n'avais rien payé, comme si j'avais volé mon château, mes bois, mes terres, tout ce qui est à moi, bien à moi.

A partir du jour où il fit cette réflexion, Jean Guillé perdit le sommeil et l'appétit ; il saluait toujours le marquis très-bas, mais il lui lançait à la dérobée de fauves et brûlants regards... il eût voulu le pulvériser.

Quand le jour venait, et qu'il baignait son front brûlant dans l'air du matin, il enveloppait d'un mélancolique regard le vaste panorama de ses propriétés, et il soupirait profondément et murmurait avec une cruelle émotion.

— On m'enlèvera tout cela? on me volera tout? Oh! la guillotine s'endort.

Et alors la fureur le dominant, en proie à une fiévreuse terreur il lui venait en tête une exécrable pensée, il voulait aller dénoncer au district la présence de Raoul à Pré-Gilbert, le livrer à la justice des bourreaux, le jeter en pâture à cette guillotine toute rouge et qui ne se lassait point de hisser et de laisser tomber son couperet.

Cependant cet affreux dessein lui faisait aussitôt monter la honte au front, et il en repoussait la pensée avec énergie.

Jean Guillé était un homme aveuglé par la possession, ivre de sa fortune qu'il était loin de supposer mal acquise ; mais il était honnête au fond et incapable de succomber à la tentation de se débarrasser de celui dont le voisinage l'épouvantait si fort. Mais il eût donné néanmoins tout au monde, hormis son bien, pour savoir le marquis à deux cents lieues de Pré-Gilbert, sur le Rhin, avec les princes ou au diable.

Maître Sonne-Toujours était de ces hommes

qui croient affaiblir un péril en reculant l'imminence.

Un jour cependant il dit au marquis :

— Vous m'assurez bien, monsieur le marquis, que vous ne comptez pas réclamer.

— Je te le jure.

— Même si le roi revenait?

— Sans doute.

— Et si on vous y forçait.

— Qui cela?

— Dam ! le roi.

— Le roi aura bien autre chose à faire.

— Les gentilshommes vos parents, et vos voisins.

— Mon ami, dit froidement le marquis, on ne force jamais un homme à reprendre ce dont il ne veut plus.

Et Raoul lui tourna le dos en riant.

Jean Guillé se trouva rassuré pour une heure, mais ses terreurs le reprirent bientôt, et il finit par songer sérieusement, tout en *ménageant la chèvre et le chou* à expulser doucement et petit à petit le marquis du château.

Une circonstance imprévue lui vint faire la partie belle et amener le dénoûment de ses burlesques terreurs.

Raoul aimait Rose et Rose aimait Raoul,

pourtant Raoul n'avait jamais soupiré : Raoul, je vous aime, et Raoul n'avait pas dit non plus : Je t'aime, ma petite Rose ; je t'aime autrement que je ne t'aimais.

Cependant les deux enfants se rencontraient et se voyaient à toute heure. Raoul ne chassait presque plus. Rose passait de longues heures assise auprès de la fenêtre quand Raoul se trouvait dans la salle à manger, la pièce où se tenaient d'ordinaire les hôtes du château de Pré-Gilbert.

Enfin leur bouche seule était muette, leurs yeux disaient éloquemment leur amour.

Claire, qui déjà l'avait soupçonné, n'en pouvait plus douter à cette heure, et elle s'en réjouissait, espérant que son mari éclairé enfin, ferait un retour sur lui-même et offrirait à Raoul et sa fortune et la main de sa fille.

Mais Sonne-Toujours était trop absorbé en vérité, par ses préoccupations et sa terreur pour voir autre chose qu'un ennemi et un spoliateur dans le marquis.

Claire fit donc un jour un effort sur elle-même, elle s'arma de courage et aborda Jean Guillé, au moment où Raoul chassait dans les vignes environnantes, et tandis que Rose était assise au bord de la rivière à l'ombre d'un saule. On était alors au commencement d'août, le milieu du jour approchait et la chaleur était étouffante.

L'honnête citoyen, maire de la commune de Pré-Gilbert, assis sur le seuil de sa porte, sur lequel un mur voisin projetait son ombre, essuyait avec un mouchoir la sueur qui découlait de son front chauve, et soupirait profondément en contemplant la prairie qui s'étendait devant le château.

Ce fut en ce moment que Claire l'aborda.

— Jean, lui dit-elle, si tu trouvais l'occasion de réparer tes torts envers M. le marquis ?

— Je n'ai pas de torts...

— Ecoute-moi. Si tu pouvais lui être agréable sans lui rendre sa fortune?

— Hein ? fit l'ancien piqueur rassuré, que veux-tu dire, femme?

Claire s'assit auprès de Sonne-Toujours et lui prit la main.

— Dis donc, mon ami, fit-elle, si il y a dix ans, du temps du roi et des seigneurs, on t'avait proposé de marier ta fille à un gentilhomme, à M. le marquis de Pré-Gilbert, par exemple, aurais-tu accepté ?

— Pardienne !... fit naïvement l'ancien piqueur.

— Eh bien, si aujourd'hui...

— Plaît-il ?

— Rose... aime... Raoul... hasarda Claire.

Sonne-Toujours fit un soubresaut et se leva brusquement.

— Que me chantes-tu là ?... dit-il.

— Et le marquis aime Rose, acheva Claire.

Et comme Jean Guillé gardait un majestueux silence, Claire raconta à son mari tout ce qu'elle avait vu, observé, deviné et compris, et dans sa joie naïve elle se jeta à son col en lui disant :

— Oh ! tu reviendras honnête et bon, n'est-ce pas ?

Le citoyen maire avait froidement écouté sa femme jusqu'au bout. Lorsqu'elle eût fini, il la regarda dédaigneusement et lui dit :

— Vous êtes folle, madame Guillé, folle à lier.

— Folle ? murmura-t-elle avec stupeur.

— Sans doute; vous voulez marier ma fille, qui aura après nous trente mille livres de rentes à un homme ruiné. Cela n'a pas le sens commun.

— Jean...

— Mais ma chère, reprit le piqueur avec dignité, vous oubliez en vérité que le jour où cet ennemi de la patrie, ce ci-devant oublié par madame la guillotine, l'épouse légitime du citoyen Brutus-Samson aurait pris notre fille pour femme, il redeviendrait insolent et fier comme l'étaient les nobles.

— Mon Dieu! murmura Claire, levant les yeux au ciel au souvenir des nobles actions et de la bonté de son ancien seigneur.

— Ce jour-là, continua Sonne-Toujours, on reléguerait le vieux Jean Guillé dans son pavillon, on l'appellerait le bonhomme... Il ne faudrait pas un an pour qu'on en refît un piqueur.

— Oh! fit Claire avec douleur.

— Sans compter, poursuivit maître Jean Guillé, que je veux être représentant, que je veux conserver l'amitié précieuse du citoyen Robespierre, et que ce ne serait pas en prendre le chemin que contracter une pareille mésalliance.

Et s'exaltant par degrés :

— Comment! s'écria-t-il, ce vagabond, ce gueux, cet homme ruiné et hors la loi a osé prétendre à ma fille, c'est réellement incroyable! Et cette pécore, cette péronnelle, s'est permis d'écouter ce beau fils .. oui dà! j'y mettrai ordre, madame Guillé, je vous en réponds... ah! vous allez bien voir!

En ce moment Rose revenait du bord de l'eau, s'avançait toute pensive vers le château, au seuil duquel maître Jean Guillé venait de se rasseoir majestueusement.

— Ah! vous voilà, dit-il au moment où Rose arrivait près de lui, vous voilà, fille insoumise et rebelle, qui vous permettez de disposer de votre cœur et supposez que je vous laisserai libre de disposer de votre main?

Rose regarda son père.

— Que voulez-vous dire? demanda-t-elle.

— Comment! s'écria Jean Guillé, comment, petite malheureuse, fille dénaturée, tu te permets d'aimer un homme sans le consentement de ton père? Et quel homme s'il vous plaît? un ci-devant, un ennemi de la patrie qui hait le citoyen Robespierre et ne reconnaît pas l'existence de l'Etre suprême, un homme ruiné, un vagabond, un...

Rose imposa silence à son père d'un geste.

— Vous êtes fou, ingrat et méchant, lui dit-elle. Et qui vous a dit, mon père, que moi, Rose Guillé, la fille du piqueur, j'oserais jamais prétendre à devenir la marquise de Pré-Gilbert? Etes-vous donc aveuglé à ce point que vous supposiez qu'un gentilhomme dépouillé par son vassal, épousera jamais la fille de ce vassal? Vous êtes fou mon père, mille fois fou, et c'est à en hausser les épaules.

Ces paroles de Rose exaspérèrent Sonne-Toujours.

— Eh bien, s'écria-t-il, qu'il y vienne ce marquis, ce gentilhomme, ce seigneur d'autrefois, demander la main de la fille de son ancien vassal et nous verrons comme il sera reçu.

Sonne-Toujours achevait à peine, que Raoul de Pré-Gilbert tournait en revenant de la chasse, l'angle du bâtiment et s'avançait lentement vers lui, si lentement que Sonne-Toujours eût peur et recula d'un pas.

Raoul alla jusqu'à lui, le toisa dédaigneusement et avec un accent de mépris glacé :

— Et qui vous dit, fit-il, maître Jean Guillé, qui vous dit que moi, marquis de Pré-Gilbert, j'irai vous demander la main, non de la fille de mon ancien piqueur, mais de la fille de l'homme qui a acheté mes biens à vil prix, afin de recouvrer ainsi ma fortune. Vous déraisonnez, bonhomme. Et Raoul tourna le dos au citoyen maire de Pré-Gilbert stupéfait.

En ce moment un officieux de maître Sonne-Toujours arriva du village courant à toutes jambes.

— Citoyen dit-il, on vous attend à la commune, le conseil municipal est assemblé; il y a de graves, de terribles nouvelles de Paris... le citoyen Robespierre est mort.

Jean Guillé poussa un cri, — il lui sembla voir la monarchie restaurée, le roi sur son son trône, — et se dresser la potence qui l'attendait.

Et pris de vertige, oubliant sa femme, sa fille et Raoul, il se précipita dans la direction de Pré-Gilbert avec l'allure inégale et saccadée d'un fou.

Le trouble que manifestait son mari épouvanta Claire à ce point qu'elle courut après lui et laissa Raoul et Rose en présence.

Raoul était pâle de colère, Rose baissait les yeux et tremblait.

Les deux jeunes gens demeurèrent un moment immobiles, muets et n'osant lever les yeux l'un sur l'autre.

Enfin le marquis fit un pas vers elle, lui prit doucement la main et lui dit avec tristesse :

— Ma petite Rose, je suis le dernier de ma race, et comme tel, je n'avais à rendre compte à personne de mes actions. Si nous eussions vécu en un autre temps, si le roi régnait encore, si j'étais toujours le marquis de Pré-Gilbert, riche de trente mille livres de rente, indépendant, pouvant braver un préjugé, debout et puissant comme il l'était jadis et non point foulé aux pieds et tourné en dérision par les idées et les mœurs républicaines, si enfin tu étais encore la fille de Jean Guillé, mon piqueur, et non la fille du citoyen Guillé, un des plus riches propriétaires du canton, l'homme influent au district, je me mettrais à tes genoux, mon enfant, je prendrais tes deux mains dans les miennes et je te dirais :

— Rose, mon cher ange, noble cœur vaut noble nom ; vertu et beauté valent naissance ; tu m'aimes et je t'aime, veux-tu partager ma vie, accepter ma main et me permettre de te rendre heureuse ?...

— Jamais ! jamais ! murmura Rose en éclatant en sanglots.

— Mais les temps sont changés, mon enfant, continua Raoul avec tristesse, tu es riche et je suis pauvre. Les tiens sont forts, ils ont le pouvoir en main. Moi et ceux de ma caste, nous sommes les faibles et les vaincus. T'épouser aujourd'hui, serait une lâcheté, et quelque perfide qu'ait été le sort des combats, les vaincus doivent noblement supporter leur défaite. Honte et malheur au gentilhomme appauvri et réduit à l'impuissance qui songerait à redorer son écusson par une mésalliance qu'il aurait eu le droit de contracter, lorsqu'il pouvait tout donner à la femme dont maintenant il recevrait tout.

Il lui mit un baiser au front et lui dit :

— Adieu donc, mon enfant, je vais quitter le château et le pays et jamais je n'y reviendrai. J'emporterai ton image et ton souvenir au fond de mon cœur, ils y vivront jusqu'à mon dernier soupir. Songe à moi quelquefois, tâche d'être heureuse, si je puis apprendre ton bonheur quelque jour ; je supporterai avec plus de courage les misères et les privations de l'exil. Adieu...

II

Raoul voulut s'éloigner, Rose se précipita à ses genoux et murmura :

— Raoul, monsieur Raoul, par grâce, écoutez-moi.

Il la fit asseoir sur un banc placé auprès de la porte, s'assit à côté d'elle et lui dit :

— Parle, je t'écoute.

— Monsieur le marquis, fit-elle d'un ton dont le respect atténuait la tendresse, je mourrais de honte et de douleur si vous pouviez soupçonner un moment que j'ai eu la pensée, moi la fille de l'homme qui vous a volé et trahi en abusant de votre confiance d'aspirer jamais à votre main...

Je vous aime, monsieur Raoul, mais comme on aime celui qui fut bon et généreux, et qui n'a recueilli d'autre fruit de ses nobles actions que la plus noire ingratitude. Je vous aime, mon Dieu! mais je vous aime comme le chien demeuré fidèle aime son maître; comme on aime l'homme assez noble, assez généreux pour pardonner au père ses lâchetés et son infamie et presser en même temps les mains de sa fille... Monsieur Raoul, murmura Rose en sanglotant, vous avez raison de vouloir quitter cette maison qui fut à vous et qu'on vous a volée; vous avez raison de vouloir fuir cette terre de France qui fume encore du sang de son roi, de répudier ce malheureux pays aveuglé qui a foulé aux pieds ses lois, ses mœurs, son Dieu, insulté la mémoire des aïeux et jeté leur cendre au vent. Partez, monsieur le marquis; à ceux qu'a trahis la fortune une mort glorieuse reste seule. Allez mourir en gentilhomme, Raoul, qui meurt bien a noblement vécu.

Et maintenant, acheva-t-elle en lui jetant ses deux bras autour du col, maintenant que tu sais bien, ô mon Raoul, que je n'ai jamais eu l'audace de songer à devenir ta femme, maintenant laisse-moi te parler de mon amour, car il est désintéressé et pur ; laisse-moi te dire que depuis bien longtemps mon cœur tressaillait au son de ta voix, que je frissonnais et tremblais quand ta main pressait la mienne, lorsque tes lèvres effleuraient mon front, — que j'étais jalouse de tes chiens couchés en rond à tes pieds, jalouse de ton cheval favori, dont tu caressais l'encolure noire et lustrée avec tendresse, et qui mangeait une poignée d'orge dans ta main. Tu pars, mon Raoul, oh ! laisse-moi te suivre... te suivre partout où tu porteras tes pas d'exilé et ton infortune. Je serai ton amie, je t'environnerai de mes soins, de mon affection, je partagerai tes mauvais jours et je te parlerai d'espérance. Vivre auprès de toi comme une servante, comme ce lévrier que tu aimais tant, réchauffer tes mains glacées dans les miennes, veiller quand tu sommeilleras, panser tes blessures aux soirs du combat, mourir de douleur le jour où t'atteindra la mort des braves ! ah ! c'est là le seul, l'unique bonheur que j'aie jamais osé rêver... Ce bonheur, me le refuseras-tu ?

Raoul contempla pendant dix secondes, cette noble et belle créature qui lui souriait à travers ses larmes et le suppliait d'être heureux en se dévouant à son bonheur : il sentit son cœur se soulever et battre avec violence, il lui sembla voir le voile qui cachait l'avenir se déchirer brusquement et lui montrer une longue suite de jours calmes et sereins comme les belles soirées d'automne qui succèdent tout à coup aux tempêtes, et se mettant à son tour aux genoux de Rose :

— Rose, mon enfant! lui dit-il, si tu te sens assez de courage pour renoncer à cette fortune.

— Qui n'est point à moi, fit-elle avec indignation, qui est un vol honteux; une infamie, qui retombe en taches de boue sur mon front.

— De renoncer à ton père, à ton pays, à tout un avenir... si la vie orageuse et sans horizon du proscrit ne t'épouvante pas ; eh bien! fuyons ensemble, viens avec moi! nous retournerons auprès des miens, nous nous jetterons aux genoux du roi Louis le dix-huitième, de ce roi sans royaume dont la volonté sera toujours ma loi ; à qui mon respect, mon sang et ma vie appartiendront jusqu'à leur dernière goutte et leur dernier souffle, et je le supplierai d'être le témoin nuptial de madame la marquise de Pré-Gilbert.

— Jamais, dit Rose, vous oubliez qui je suis, monsieur Raoul.

— Je sais que tu es une noble et belle créature, Rose ; je sais que tu seras digne, pauvre et ruinée comme lui, comme lui sans asile, de partager la vie du marquis de Pré-Gilbert, ce vagabond gentilhomme, ce seigneur sans vassaux, ce Français sans patrie.

Pendant que les deux jeunes gens parlaient ainsi, ils ne s'étaient point aperçus du retour de Claire.

Claire était à deux pas, tremblante et toute émue de ce qu'elle entendait, pleurant de joie à la simple et noble éloquence de sa fille dont le désintéressement faisait son orgueil.

Raoul leva les yeux, l'aperçut et laissa échapper une exclamation de surprise.

Claire alla à lui ; prit sa main qu'elle baisa et lui dit :

— Monsieur le marquis, mon cher et bon maître, voulez-vous me laisser vous suivre comme elle et comme elle partager votre destinée ?

— Oh ! oui, dit Raoul, oui venez ma bonne Claire, venez avec nous.

— Raoul, fit Rose avec fermeté, je vous suivrai, nous vous suivrons tous deux, mais je ne serai point votre femme. Vous le disiez tout à l'heure, honte et malheur au gentilhomme qui se mésallierait lorsqu'il ne lui reste plus que le nom de ses pères.

Pendant que ce drame pathétique se déroulait au château, le citoyen maire de Pré-Gilbert courait à la commune en proie à une agitation sans égale.

— Massacre de cerf! murmurait-il, bronchant et buttant à chaque pas, tant sa terreur était grande et lui obscurcissait la vue, massacre de cerf! les tyrans reviennent, Le citoyen Robespierre, cet homme de génie, ce grand citoyen qui avait eu l'idée lumineuse, la généreuse pensée de mettre en vente les biens d'émigrés et de créer les assignats, le citoyen Robespierre est mort! Je suis un homme perdu.

A l'heure qu'il est, peut-être, le tyran a-t-il déjà repris possession de Paris; peut-être file-on déjà la corde de chanvre qui servira de cravate au patriote Jean Guillé, à ce grand citoyen qui avait inspiré une telle confiance à la Convention et à la patrie qu'on lui avait permis de garder sa meute... on le dépouillera, on lui prendra tout, terres, châteaux, prairies, hautes futaies, on le chassera de chez lui, on l'enverra pendre à Auxerre... Massacre de cerf et damnation.

Et l'ancien piqueur avait des larmes plein les yeux, et il pleurait ce bon monsieur de Robespierre avec une sincérité digne d'éloges. Lorsqu'il arriva à la commune, les abords en étaient encombrés par une foule trépignante, avide de nouvelles parmi laquelle il y avait des gens inquiets et terrorisés.

III

On venait d'apprendre le 9 thermidor, l'irritation du peuple qui avait essayé d'enrayer et de faire rebrousser chemin à la dernière charrette qui emportait André Chénier se frappant le front en disant : *J'avais encore là quelque chose !*

L'arrestation, le jugement, l'exécution de Robespierre et de ses complices augmentés de commentaires de toute nature, de bruits et de rumeurs les plus en désaccord, étaient déjà connus des deux tiers de la France.

On disait que le peuple las, de ce joug de fer

rouillé par le sang, et qu'en avait en vain essayé d'appeler du nom de liberté, allait rappeler ses rois. On disait aussi que l'armée, à la tête de laquelle commençaient à surgir des généraux comme Hoche, Marceau, Kléber, Bonaparte, ne voulait plus qu'un misérable, un assassin affublé du nom de commissaire de la Convention, envoyât ses chefs à l'échafaud le soir d'une victoire, et qu'elle s'était juré de rendre la paix intérieure à cette nation triomphante au-dehors, grâce à elle.

Aussi les patriotes de Pré-Gilbert, ceux qui avaient entouré l'échafaud avec enthousiasme et entonné le plus vigoureusement *la Marseillaise*, avaient-ils grand peur et tremblaient-ils de tous leurs membres.

En pénétrant dans la salle de la commune, le citoyen maire trouva les conseillers consternés ; ils s'accusaient déjà les uns les autres et se menaçaient de délations réciproques ; tous frissonnaient en écoutant les rumeurs du dehors et les sourds murmures de toute une population à laquelle la terreur avait longtemps imposé silence, et qui se réveillait et sortait tout à coup de son apathie.

On entoura maître Sonne-Toujours ; on lui remit les dépêches qui venaient d'arriver et qu'on avait ouvertes ; on le questionna, on lui demanda conseil…

Mais Sonne-Toujours était incapable de donner des conseils, il ne savait plus, le malheureux, où donner de la tête lui-même, et il s'écria d'une voix lamentable :

— Nous sommes tous perdus ! mes amis, perdus et ruinés ! la République est à sa dernière heure, les tyrans sont à nos portes, il ne nous reste plus qu'à fuir !

A ce *sauve qui peut!* prononcé par le chef de la municipalité, les conseillers pensèrent qu'ils étaient déliés de tout serment, affranchis de tout devoir extérieur, et ils ne songèrent plus qu'à leur salut.

Ils quittèrent un à un la commune, et Jean Guillé finit par s'y trouver seul, abandonné de ses plus fidèles, et accueilli par les huées de la foule qui envahit tout à coup la salle pour l'en chasser.

— Eh ! Sonne-Toujours, lui crièrent quelques voix railleuses, beau châtelain de Pré-Gilbert, gare à toi ! monsieur le marquis va revenir, et il n'aura besoin que de son fouet pour te chasser de la maison où tu te trouvais si bien…

Ces paroles firent rugir le pauvre homme, et, fendant la foule, se faisant jour au travers, grâce à sa force herculéenne, il reprit en courant la direction du château, dans l'intention d'y assassiner le marquis, de l'étouffer et de l'écraser comme on écrase la couleuvre qu'on a réchauffée longtemps.

Mais, en courant, le citoyen maire se prit à réfléchir qu'il n'en serait que mieux pendu lorsqu'il aurait sur les mains du sang de son ancien maître, et reprenant un peu de raison et de clarté d'esprit, il songea que le seul homme qui pût désormais le sauver, c'était le marquis.

Alors il se repentit amèrement des paroles de mépris qui lui étaient échappées naguères, et revenant malgré lui au temps où il était piqueur du château, il se prit à penser qu'alors il se fût estimé trop heureux d'avoir le marquis pour gendre.

— Ah! murmura-t-il, s'il voulait maintenant encore épouser Rose... il ne me dépouillerait pas ainsi... j'habiterais toujours le château... on ne m'en chasserait point comme un mendiant... et mon titre de beau-père du marquis de Pré-Gilbert me protégerait contre tout malheur, me sauverait de toute persécution...

Mais les dernières paroles de Raoul lui revinrent en mémoire.

— Croyez-vous pas, lui avait-il dit, que j'épouserai jamais la fille de l'homme qui a acheté mes biens à vil prix ?

Cette pensée cassa bras et jambes à Jean Guillé; il s'assit, les larmes aux yeux, au bord d'un fossé et murmura :

— Je suis perdu et ruiné, ruiné sans retour.

La noblesse et le désintéressement du marquis passèrent alors dans son souvenir. Sa propre infortune le rendant sensible enfin à l'infortune d'autrui, il revit le marquis en haillons, venant frapper humblement à la porte de son château, ne témoignant ni irritation ni douleur, résigné et calme en présence des revers de la fortune, et il songea, lui, Jean Guillé, qu'il avait dû plus d'une fois torturer et humilier son ancien maître.

— Je suis un misérable et un sot, se dit-il; si j'avais rendu sa fortune au marquis, il aimait ma fille, il l'eût épousée... et j'aurais tout conservé...

Maître Jean Guillé se lamenta assez longtemps sur ce thème, puis il réfléchit encore; et le résultat de cette nouvelle réflexion fut le dilemme suivant :

Si le marquis n'épouse pas Rose et que je conserve mes biens, j'aurai beau dire et beau faire, il est clair et certain que je ne les conserverai pas longtemps. La monarchie me chassera tout au moins si elle ne me fait pendre.

Si, au contraire, j'offre au marquis de lui rendre sa fortune, d'abord il est possible qu'il ne l'accepte pas, car il est fier et a des idées à lui là-dessus ; et s'il l'accepte, ce ne sera qu'en épousant Rose. Dans le premier cas il sera touché de mon bon mouvement, et comme il est généreux, quoique mauvais patriote, il se croira obligé de me protéger et on me laissera tranquille dans mon château et dans mes terres. J'aimerais assez ce premier cas.

Dans le second il est tout simple que le gendre du père Sonne-Toujours, de Jean Guillé, le maire de Pré-Gilbert, un magistrat municipal, s'il vous plaît, ne puisse laisser pendre un aussi bon citoyen.

Maître Sonne-Toujours raisonnait assez juste, il faut en convenir, et il se remit en route beaucoup plus calme, et peu à peu il reprit quelques parcelles de cette merveilleuse importance et de cet aplomb officiel qu'il avait acquis dans l'exercice des fonctions du gouvernement. Lorsqu'il arriva au château, Raoul, Rose et Claire se trouvaient dans la même salle. Les deux femmes venaient de faire un léger paquet de quelques hardes de toilette, Raoul endossait un vêtement de voyage.

— Qu'est-ce que cela? s'écria l'ancien piqueur.

Les deux femmes ne répondirent point d'abord, mais Raoul, sans daigner regarder Sonne-Toujours, lui dit froidement :

— Rose et Claire se disposent à faire un voyage.

— Un voyage! massacre de cerf!

— Oui, dit Rose. Cela vous étonne, mon père?

Jean Guillé était stupéfait.

— Et où donc allez-vous? demanda-t-il.

— Vous avez tout à l'heure, répondit Rose, insulté M. le marquis trop gravement pour que sa dignité lui permette de rester plus longtemps chez vous. Or, puisque M. le marquis part, ma mère et moi qui l'aimons et lui sommes demeurés fidèles et dévoués, nous le suivons, parce que nous ne voulons pas manger plus longtemps le pain qu'on récolte sur les terres du château et jouir d'une opulence dont nous répudions la source.

— Eh bien! s'écria Jean Guillé, massacre de cerf! vous ne partirez pas, parce que M. le marquis ne partira pas non plus.

Raoul haussa les épaules.

— Non, il ne partira pas, continua l'ancien piqueur avec véhémence, il ne partira point, parce qu'il est ici chez lui et qu'on ne quitte pas sa maison.

Et maître Sonne-Toujours plia un genou devant Raoul et poursuivit :

— Mon cher maître et seigneur, Dieu m'est témoin que lorsque j'ai acheté vos biens pour deux cent mille francs d'assignats, c'était dans l'intention de vous les rendre; mais que voulez-vous ? la fortune tourne la tête, la possession rend stupide, j'ai été lâche et ingrat, et je ne mérite que votre colère... Laissez-moi au moins soulager ma conscience, me débarrasser du fardeau que j'ai sur le cœur, reprenez votre château, vos terres, tout ce que la République et moi nous vous avons volé... Je suis né pauvre et honnête, je veux mourir honnête et pauvre...

A ces paroles de Sonne-Toujours, les deux femmes se précipitèrent vers lui les bras tendus et murmurant :

— Enfin ! enfin ! sa folie est passée !...

Mais Raoul prit alors la main de Rose, et, s'adressant à son ancien piqueur :

— Mon pauvre Jean, lui dit-il, ce que tu viens de m'offrir me comble de joie, car c'est une preuve que tout sentiment d'honnêteté n'est point encore mort en toi. Mais je ne puis accepter...

— Vous... ne pouvez..., articula le citoyen maire avec une émotion produite par la joie, et que les trois témoins de cette scène prirent pour de la douleur.

— Non, dit Raoul, car j'aime Rose et je la veux épouser. Si j'acceptais la restitution de ma fortune, ce serait, aux yeux du monde, la dot de ma femme que j'accepterais. Pour que je puisse élever Rose jusqu'à moi, il faut que je l'épouse pauvre et que je demeure pauvre moi-même.

Tu t'exagères ton devoir en te croyant obligé de me rendre mes biens, tu les as acquis, ils sont à toi. Je n'ai rien à te réclamer. Si jamais le roi revient, il me les rachètera. Mais aujourd'hui je n'en veux pas. N'est-ce pas, Rose?

Et il se tourna vers la jeune fille.

— Oui, répondit-elle, c'est bien, c'est très-bien!

— Ainsi.. balbutia Sonne-Toujours que la joie étranglait, vous ne... voulez...

— Je ne veux rien... si ce n'est la main de ta fille.

La résolution de Rose et du marquis était

inébranlable. Ils voulaient partir et ils partirent.

Le citoyen maire de Pré-Gilbert aimait sa femme et sa fille, il eut donc le cœur serré et les larmes aux yeux en les voyant partir; mais il aimait encore plus son château, ses bois, ses terres, et il se consola en pensant que le marquis partait avec elles et le débarrassait d'une perpétuelle et redoutable angoisse. Maître Sonne-Toujours était un de ces hommes pour qui les liens de famille n'ont de prix qu'alors qu'ils n'entravent leurs intérêts en aucune façon.

Il versa donc quelques larmes, mais il n'insista nullement pour retenir le marquis et sa nouvelle famille, et le lendemain de ce jour il était seul dans son château.

Le 9 thermidor avait fait rentrer les bourreaux dans l'ombre; les listes de proscription furent déchirées, la France commençait à respirer.

Raoul, Rose et sa mère gagnèrent Paris. Là, un prêtre non assermenté maria les deux jeunes gens secrètement, car il ne fallait rien moins que la main puissante du premier consul pour rendre à la France le Dieu de ses pères et r'ouvrir ses églises, — et cette heure de délivrance n'avait point sonné encore.

Raoul retourna auprès des princes avec la jeune femme et la bonne Claire. Quant à maître Sonne-Toujours, il dissimula assez bien sa joie, lors du départ de son dangereux gendre, et bientôt, quand il apprit que le 9 thermidor qui s'était montré sévère pour ce pauvre M. de Robespierre et ses collègues, n'avait point cependant aboli la république, il reprit en paix ses fonctions municipales et s'abandonna de nouveau à toute l'ivresse de sa possession.

Mais cette ivresse fut de courte durée, bientôt le bonhomme s'aperçut de son isolement. La tristesse et l'ennui le prirent dans ses vastes domaines, il ne chassa plus, le remords pénétra réellement enfin dans son cœur, le suivit à travers les vastes salles du château, s'assit à son chevet, et y veilla nuit et jour... Deux ans s'écoulèrent ; cet homme si fleuri et si gras maigrit à vue d'œil, et bientôt il fut en proie à une singulière monomanie.

Il se persuada que le marquis allait revenir, que la révolution était un rêve et n'avait jamais eu lieu, il reprit son habit de piqueur et fit revenir tous les anciens serviteurs du château. Un jour, il manda des ouvriers, leur fit restaurer les écussons effacés des Pré-Gilbert, démolir les bâtiments qu'il avait construits et remettre le château sur le pied où il était lors du premier départ de Raoul.

C'était pitié de voir cet homme courbé par le remords et la folie parcourir avec son habit de piqueur, cette vaste demeure où il était seul désormais et dire parfois :

— C'est singulier, monsieur le marquis est en déplacement de chasse dans le Morvan et il faut qu'il y prenne grand plaisir, car il ne revient pas.

Un jour, il eut un éclair de raison, et il sentit que sa fin approchait. Il écrivit son testament; ce testament était une longue et touchante prière qu'il adressait à Raoul en le suppliant de reprendre son bien.

Après quoi il se commanda un cercueil et une pierre tumulaire.

Vers le soir sa folie le reprit, et il s'éteignit deux jours après.

On l'enterra dans le cimetière du village et sur la pierre qu'on avait taillée d'après ses ordres, on put lire cette inscription qu'il avait dictée :

ICI REPOSE :

JEAN GUILLÉ, *dit* SONNE-TOUJOURS,
DERNIER PIQUEUR
DU MARQUIS DE PRÉ-GILBERT.

Quelques années après, M. le marquis de Pré-Gilbert rentra en France à la faveur du calme, plein d'espérance pour l'avenir qu'amenait avec lui le premier consul ; alors Rose le conduisit à Pré-Gilbert, et lui dit :

— Maintenant, mon ami, reprendras-tu des mains de ta femme cette fortune dont tu refusas d'accepter la restitution ?

— Oui, répondit Raoul, mais nous dépenserons en œuvres de charité une somme équivalente à celle dont ton père eut besoin pour acheter mes biens.

Le fils unique du marquis de Pré-Gilbert et de Rose Guillé était page du roi Louis XVIII : c'est aujourd'hui un bon gentilhomme morvandiau, grand chasseur, veneur passionné comme ses aïeux et il nous contait cette histoire, en septembre dernier, pendant une halte de chasse que nous faisions à la lisière de ces hautes futaies, jadis le théâtre des exploits homériques du piqueur Sonne-Toujours.

FIN.

Wassy. — Imp. Mougin-Dallemagne.

EN VENTE
à 3 francs le volume.

ERNEST CAPENDU
L'ÉTUDIANT DE SALAMANQUE, 1 volume grand in-18 jésus.
DOLORÈS, 1 volume grand in-18 jésus.

ÉLIE BERTHET
LE FERMIER REBER, 1 volume grand in-18 jésus.
LA MAISON DES DEUX-SŒURS, 1 volume grand in-18 jésus.

OCTAVE FÉRÉ ET D.-A.-D. SAINT-YVES
LES CHEVALIERS D'AVENTURES, 1 volume grand in-18 jésus.
UN MARIAGE ROYAL, 1 volume grand in-18 jésus.

PONSON DU TERRAIL
LES HÉRITIERS DU COMMANDEUR, 1 volume grand in-18 jésus.
MÉMOIRES D'UNE VEUVE, 1 volume grand in-18 jésus.

XAVIER DE MONTÉPIN
LE DRAME DE MAISONS-LAFITTE, 1 volume grand in-18 jésus.

H. DE SAINT-GEORGES
JEAN LE MATELOT, 1 volume grand in-18 jésus.
LE PILON D'ARGENT, 1 volume grand in-18 jésus.

EUGÈNE SCRIBE
NOÉLIE, 1 volume grand in-18 jésus.
FLEURETTE LA BOUQUETIÈRE, 1 volume grand in-18 jésus.

Paris. — Imprimerie de P.-A. BOURDIER et Cie, 6, rue des Poitevins.

www.ingramcontent.com/pod-product-compliance
Lightning Source LLC
Chambersburg PA
CBHW050546170426
43201CB00011B/1588